시가 나에게 살라고 한다
2

시가 나에게 살라고 한다 · 2

엮은이 나태주
펴낸이 임상진
펴낸곳 (주)넥서스

초판1쇄 발행 2025년 3월  5일
초판2쇄 발행 2025년 9월 15일

출판신고 1992년 4월 3일 제311-2002-2호

10880 경기도 파주시 지목로 5
Tel (02)330-5500 Fax (02)330-5555

ISBN 979-11-94643-06-7  03810

저자와 출판사의 허락 없이 내용의 일부를
인용하거나 발췌하는 것을 금합니다.

가격은 뒤표지에 있습니다.
잘못 만들어진 책은 구입치에서 바꾸어드립니다.

이 도서의 국립중앙도서관 출판예정도서목록(CIP)은
서지정보유통지원시스템 홈페이지(http://seoji.nl.go.kr)와
국가자료공동목록시스템(http://www.nl.go.kr/kolisnet)에서
이용하실 수 있습니다. (CIP제어번호 : CIP2020041034)

**www.nexusbook.com**

# 시가 나에게 살라고 한다

## 2

나태주 엮음

좋은 시는 언제 읽어도 좋다

좋은 시는 언제 읽어도 가슴이 떨리고

가슴이 떨리다 못해 울음이 나오게 한다

그래서 좋은 시를 읽을 때는 조그만 인내심이 필요하다

자꾸만 가슴 밑바닥에서부터 삐져 올라오는

울음을 달래야 하고 약간의 눈물을 다스려야 하고

슬그머니 그것들을 외면할 줄 알아야 한다

그것도 하나의 기교이고 학습

정말로 좋은 시가 세상에 있다는 것은

살맛 없는 세상을 살맛 나는 세상으로 바꾸는 일이고

사람을 살리는 일이고 지구를 살리는 일이다

그것은 결코 양념이 아니고 밥이고 반찬이다

서론이 아니고 본론이고 결론이다

오늘은 좋은 시에게 고개를 숙인다

고맙습니다 몸을 낮춰 인사를 드린다

오래오래 함께 해주시어 감사합니다

앞으로 더 오래오래 함께 해주십시오

시들어 가는 목숨 살려주시니 감사합니다.

                                                        2025년 새봄

                                                        나태주 씁니다.

**차례**

# 1
## 서러워 마라
## 머지않아 때가 온다

눈이 온다 — 신경림  14

내가 만약 — 에밀리 디킨슨  16

삶이 그대를 속일지라도 — 알렉산드르 세르게예비치 푸시킨  18

커브 — 폴 엘뤼아르  19

방랑길에 — 헤르만 헤세  20

어머니께 — 헤르만 헤세  22

너는 울었다 — 이반 세르게예비치 투르게네프  24

좋은 약 — 나태주  26

젊은 시인에게 주는 충고 — 라이너 마리아 릴케  28

등꽃 아래서 — 송수권  30

마지막 기도 — 레프 니콜라예비치 톨스토이  33

두 번은 없다 — 비스와바 심보르스카 35

내 인생은 장전된 총 — 에밀리 디킨슨 38

집 — 가브리엘라 미스트랄 41

행복 — 헤르만 헤세 44

청춘 — 사무엘 울만 46

시집 「풀잎」의 서문 — 월트 휘트먼 49

아이를 얕보지 마세요 — 로버트 베이든 파월 52

연꽃 피는 날이면 — 라빈드라나트 타고르 54

윤무 — 폴 포트 56

서정시를 쓰기 힘든 시대 — 베르톨트 브레히트 58

아내를 위하여 — 이시카와 다쿠보쿠 61

살아남은 자의 슬픔 — 베르톨트 브레히트 64

나무 — 조이스 킬머 66

미뇽 — 요한 볼프강 폰 괴테 68


# 2

사랑했다고
사랑한다고
사랑할 것이라고

이별 노래 — 정호승 72

바람의 말 — 마종기 74

푸른 밤 — 나희덕 76

애너벨 리 — 에드거 앨런 포 79

내가 죽거든 — 크리스티나 로제티  82

우연 — 쉬즈모  84

상처 — 조르주 상드  86

청명한 공기 — 폴 엘뤼아르  88

핑크 — 아우구스트 슈트람  90

첫 아침 — 빌헬름 뮐러  92

슬픈 노래 — 프랑시스 잠  94

내 사랑은 — 존스 베리  96

첫사랑 — 요한 볼프강 폰 괴테  98

선물 — 기욤 아폴리네르  100

선물 — 사라 티즈데일  102

친구 보내고 — 왕유  104

거리에 비 내리듯 — 폴 베를렌  106

구절초 — 박용래  108

외할머니 — 나태주  110

부부 — 함민복  112

가재미 — 문태준  114

밤 바느질 — 이백  117

산에서 — 요제프 폰 아이헨도르프  118

그리움 — 유치환  120

너는 한 송이 꽃과 같이 — 하인리히 하이네  122

결혼생활 — 칼릴 지브란  124

술 노래 — 윌리엄 버틀러 예이츠  126

# 3

## 혼자 우는
## 밤을 위하여

섬 — 정현종  130

어느 무신론자의 기도 — 이어령  132

갈대 — 신경림  136

서시 — 윤동주  138

영혼에 관한 몇 마디 — 비스와바 심보르스카  140

병病에게 — 조지훈  144

하이쿠 — 탄 타이키  147

편도나무에게 — 니코스 카잔차키스  148

가을 — 라이너 마리아 릴케  150

해 질 녘 — 다니카와 슌타로  152

옛날을 생각함 — 요한 볼프강 폰 괴테  154

인생의 비극은 — 무명 시인  156

해 질 무렵 — 아우구스트 슈트람  158

캄캄한 깊은 잠이 — 폴 베를렌  160

숲에게 — 다니카와 슌타로  162

취하라 — 샤를 피에르 보들레르  164

수선화 — 윌리엄 워즈워스  167

밤 — 가브리엘라 미스트랄  170

가을날 — 라이너 마리아 릴케  172

저녁별 — 사포오  174

나의 방랑생활 — 장 니콜라 아르튀르 랭보  176

쉽게 쓰여진 시 ― 윤동주  178

흰 구름 ― 헤르만 헤세  181

맑은 밤의 시 ― 소강절  183

낙화 ― 조지훈  185

남신의주 유동 박시봉방南新義州 柳洞 朴時逢方 ― 백석  188


# 4
## 희망에는
## 날개가 있다

나 하나 꽃 피어 ― 조동화  194

풀 ― 김수영  196

상승 ― 샤를 피에르 보들레르  198

제주바다1 ― 문충성  201

때는 봄 ― 로버트 브라우닝  204

삼월 ― 에밀리 디킨슨  206

상쾌한 여행 ― 요제프 폰 아이헨도르프  208

감각 ― 장 니콜라 아르튀르 랭보  210

아침 릴레이 ― 다니카와 슌타로  212

서풍의 노래 ― 퍼시 비시 셸리  214

희망에는 날개가 있다 ― 에밀리 디킨슨  216

산 너머 저쪽 ― 카를 부세  218

여행으로의 초대 ― 샤를 피에르 보들레르  220

씨 뿌리는 계절, 저녁때 ― 빅토르 마리 위고  224

그런 길은 없다 — 메기 베드로시안　226

능금나무에서 — 전봉건　228

벙어리장갑 — 오탁번　230

다리 위에서 — 이용악　233

지금은 좋은 때 — 에밀 베르하렌　235

높은 산속의 저녁 — 헤르만 헤세　238

묘비명 — 나태주　240

살아야겠다 — 폴 발레리　242

풀잎 — 박성룡　243

봄의 말 — 헤르만 헤세　245

용기 — 요한 볼프강 폰 괴테　247

**출처**　248

삶이 그대를 속일지라도

슬퍼하거나 화내지 말라!

슬픈 날을 참고 견디면

머지않아 기쁨의 날이 올지니.

# 1

서러워 마라
머지않아 때가 온다

## 눈이 온다

그리운 것이 다 내리는 눈 속에 있다.
백양나무 숲이 있고 긴 오솔길이 있다.
활활 타는 장작 난로가 있고 젖은 네 장갑이 있다.
아름다운 것이 다 쌓이는 눈 속에 있다.
창이 넓은 카페가 있고 네 목소리가 있다.
기적 소리가 있고 바람 소리가 있다.

지상의 모든 상처가 쌓이는 눈 속에 있다.
풀과 나무가, 새와 짐승이 살아가며 만드는
아픈 상처가 눈 속에 있다.
우리가 주고받은 맹서와 다짐이 눈 속에 있다.
한숨과 눈물과 상처가 되어 눈 속에 있다.

그립고 아름답고 슬픈 눈이 온다.

신경림

내내 신경림 시인의 시를 찾아서 읽었지만 이렇게 절실하면서도 아름다운 시를 읽는 것은 처음이다. 참 아름답다. 가슴이 뻐근해진다. 지금 이 시인은 눈 오는 세상 풍경 앞에 있다. 그러면서 지나온 생애를 돌아보는 회상에 젖어있다. 이런저런 일들. 기쁘고도 슬프고도 아름다웠던 일들. 때로는 상처가 되어 옹이가 되어 남은 일들. 한 편의 시에서 한 사람의 전 생애를 조감하고 느끼는 일은 그다지 흔한 일이 아니다.

'그립고 아름답고 슬픈 눈이 온다.'는 마지막 문장이 가슴에 남아 울렁거린다. 커다란 종에서 울려 나온 종소리가 멀리까지 가서 사람들 마음에 맴돌며 오랫동안 지워지지 않듯이. 모처럼 좋은 시를 읽는 일은 그 어떤 것과도 바꿀 수 없는 기쁨이다.

# 내가 만약

내가 만약 한 사람의 가슴앓이를
멈추게 할 수만 있다면
나는 헛되게 세상 사는 것이 아니리.

내가 만약 누군가의 아픔을
쓰다듬어 줄 수만 있다면
혹은 고통 하나를 달래줄 수만 있다면

더하여, 나래 지친 울새 한 마리를 도와
제 둥지로 돌아가게 할 수만 있다면
나 결코 헛되게 세상 사는 것이 아니리.

에밀리 디킨슨

에밀리 디킨슨. 미국 현대 시의 자존심. 자신의 2층 방에서만 평생 갇혀서 살았다는 말을 어디에선가 본 일이 있다. 그 자발적인 고독. 참 특별한 인생이다. 그럼에도 불구하고 인생의 깊이와 폭을 충분히 감당하는 시를 많이 썼다는 것!

시 「내가 만약」은 영문학자 고故 장영희 교수가 특별히 사랑하고 아낀 시다. 꼭 그런 것만 아니겠지만 나도 마음 깊이 아끼고 사랑하는 작품이다. 시의 메시지가 매우 명쾌하고 단순하다. 결코 인생을 헛되게 살지 않겠다는 것!

## 삶이 그대를 속일지라도

삶이 그대를 속일지라도
슬퍼하거나 화내지 말라!
슬픈 날을 참고 견디면
머지않아 기쁨의 날이 올지니.

마음은 언제나 내일에 살고
오늘은 우울하고 슬프기도 한 것!
모든 것들은 한순간에 지나가고
지나간 것들은 또다시 그리워지리니.

알렉산드르 세르게예비치 푸시킨

---

언제부터 이 문장을 보아왔는지 모른다. 일찍이 시골 이발소 벽에도 붙어 있었고 결혼을 하여 신접살림을 차린 신랑, 신부의 방에도 걸려 있던 문장이다.
많은 위로가 되었을까? 오늘은 어차피 글렀으니 내일을 꿈꾸면서 살라는 먼 나라 시인의 충고. 지금도 이 문장에 마음이 사무치는 건 아무래도 머지않아 오라던 그 '기쁨의 날'이 아직도 내게 오지 않은 까닭인가 한다.

## 커브

나는 소망한다
내게 금지된 것을!


폴 엘뤼아르

---

어느 이름 있는 소설가의 소설집 제목으로도 쓰인 문장이다. 짧고도 머쓱하다. 다시금 촌철살인寸鐵殺人. 단박에 가슴을 친다. 아찔하다. 도치법으로 되었다. 시의 문장이란 감정적으로 급한 말부터 먼저 써야 하기 때문에 그런 것이다.

더불어, 좋은 시는 시의 제목이 시의 본문에 나와 있지 않아야 한다는 것이 나의 생각이다. 그런데도 시의 제목과 시의 본문이 의미상으로 연결이 되어 있어야 한다는 것도 나의 생각이다. 위의 시가 그렇게 되어 있다.

# 방랑길에
— 크놀프를 그리며

서러워 마라, 머지않아 밤이 온다.
그러면 우리 창백한 들판 저편으로
남몰래 웃음 짓는 싸늘한 달을 보게 되리라.
그러면 그때, 손을 잡고 쉬어도 좋으리라.

서러워 마라, 머지않아 때가 온다.
그때 우리 안식하며 우리의 십자가
밝은 거리 모퉁이에 나란히 서게 되리라.
그 위로 비가 오고 눈이 내리고
바람은 또 오고 가리라.

헤르만 헤세

크놀프는 헤세의 소설 『크놀프』의 주인공 이름이다. 평생을 고향을 떠나 방랑으로 살아간 구도자적인 인물이다. 헤세, 바로 자신의 분신과 같은 인물이다. 그런 점에서 소설은 작가의 자전自傳이기 십상이다.

고백체이고 일방적으로 하는 말. 하나의 위로다. 사람 마음을 다독인다. '서러워 마라, 머지않아 밤이 온다.' 왜 이런 대목에서 우리는 목이 메어오는 걸까. 헤세의 말처럼, '그들은 참 인간적인 데가 있다'. 우리 정서에 참 잘 맞는다.

## 어머니께

이야기할 것이 참 많았습니다.
너무나 오랫동안 나는 객지에 있었습니다.
그러나 가장 나를 이해해준 분은
어느 때나 당신이었습니다.

오래전부터 당신에게 드리려던
나의 최초의 선물을
수줍은 어린아이처럼 손에 쥔 지금
당신은 눈을 감고 말았습니다.

그러나 이것을 읽고 있으면
이상히도 슬픔이 씻기는 듯합니다.
말할 수 없이 너그러운 당신이, 천 가닥의 실로
나를 둘러싸고 있기 때문입니다.

헤르만 헤세

아, 헤르만 헤세. 젊은 시절부터 나에게 좋은 친구였으며 좋으신 스승이었던 이름. 늘 목마른 나에게 목마르냐 물었고 그러면 이것을 좀 마셔보라며 한 잔의 물을 권하곤 했다. 지쳤느냐, 힘이 드냐, 손을 내밀어 더 멀리, 아득한 곳으로 가자고 속삭여주곤 했다. 이, 어찌 고맙지 않겠는가. 이 세상 모든 젊은 영혼보다 먼저 아프고, 먼저 헤매고 먼저 길을 찾은 그. 그가 돌아가신 어머니에게 드리는 고백은 그냥 그대로 사적인 고백이 아니라 공적인 고백으로 바뀐다. 그리하여 우리에게도 위로와 안식을 전해준다.

# 너는 울었다

너는 울었다,
나의 불행을 보고.

나도 울었다,
나를 슬퍼하는 너의 동정이 가슴에 사무쳐.

그러나 너는
너 자신의 불행 때문에 운 것이 아닐까?

너는 너 자신의 불행을
내게서 보았을 뿐.

이반 세르게예비치 투르게네프

러시아의 알려진 소설가 가운데 한 사람. 더불어 산문시도 다수 남겼다. 소설과 시를 병행하기는 쉽지 않은 일인데 그걸 용케 해 냈다. 시에서 너그러운 인간애를 읽곤 한다. 마음이 따뜻해진다. 작가 자신의 삶의 지향이 그러했을 터.

시에서 가장 좋은 상태는 엠퍼시empathy, 감정이입感情移入 상태. 저 마음이 내 마음이야 하는 상태. 예쁜 소녀일까. 시인을 보면서 우는 아이가 있다. 그 동정을 느끼며 시인도 따라서 운다. 너는 나다. 너와 내가 둘이 아니다.

## 좋은 약

큰 병 얻어 중환자실에 널브러져 있을 때
아버지 절룩거리는 두 다리로
지팡이 짚고 어렵사리 면회 오시어
한 말씀, 하시었다

애야, 너는 어려서부터
몸은 약했지만 독한 아이였다
네 독한 마음으로 부디 병을
이기고 나오너라
세상은 아직도 징글징글하도록
좋은 곳이란다

아버지 말씀이 약이 되었다
두 번째 말씀이 더욱
좋은 약이 되었다.

나태주

나의 시다. 2007년 죽을병을 앓을 때. 지금도 그 시기의 이야기를 하려고 하면 긴장이 되는데 이것은 중환자실에 있을 때의 일을 쓴 글이다. 아무도 내가 살지 못한다 했다. 사흘을 넘기기 어려우니 장례 준비를 하라고 할 때다. 그때 아버지가 중환자실로 면회를 오셨다.

연로한 분이라 다리를 절며 지팡이를 짚고 오셨다. 경험이 많은 분이라 아들을 보고는 아, 이 아이가 죽겠구나! 직감하셨을 것이다. 그래도 무언가 도움 되는 말을 하려고 하셨다. 그런 상황에서 나온 말씀이 바로 시의 중간 대목에 있는 내용이다.

'애야, 너는 어려서부터/ 몸은 약했지만 독한 아이였다/ 네 독한 마음으로 부디 병을/ 이기고 나오너라/ 세상은 아직도 징글징글하도록/ 좋은 곳이란다'. 여기서 보면 이상한 표현이 눈에 뜨인다. '세상은 아직도 징글징글하도록/ 좋은 곳이란다' 그 부분이다.

'징글징글'이란 단어는 부정적인 상황이나 대상에 사용하는 부사어다. 그런데 전혀 다른, 좋은 쪽 희망적인 쪽에 사용했다. 나중에 이 글을 읽고 김남조 선생은 이런 말을 들려준 나의 아버지가 오히려 시인이라고 말씀하기도 했다.

## 젊은 시인에게 주는 충고

마음속에서 풀리지 않는 고민에 대해
인내함을 가져라.
고민 그 자체를 사랑해라.
지금 당장 답을 얻으려 말라.
지금 당장 주어질 순 없으니까.
중요한 건
모든 것 그대로 살아보는 일이다.
지금 그 고민들과 더불어 살라.
그러하면 언젠가 미래에
너 스스로도 알지 못하는 그 시간에
삶이 너에게 답을 가져다줄 것이리니.

라이너 마리아 릴케

나의 소년 시절, 헤세 다음에 좋았던 시인은 라이너 마리아 릴케였다. 시의 문장으로서 가장 높은 신비의 봉우리에 이르렀으며 세계인들에게도 그것을 안내해준 시인.

헤세와 더불어 박목월 선생의 저서를 통해서 알게 되었다. 시인을 지망하면서 눈앞이 어두워졌을 때 이런 문장은 밝은 이정표를 제공해준다. 아니다. 인생 자체의 안내자가 되어준다. '삶이 너에게 해답을 가져다줄 것이니.' 이런 문장의 축복 말이다.

## 등꽃 아래서

한껏 구름의 나들이가 보기 좋은 날
등나무 아래 기대어 서서 보면
가닥가닥 꼬여 넝쿨져 뻗는 것이
참 예사스러운 일이 아니다.
철없이 주적주적 흐르던 눈물도 이제는
잘게 부서져서 구슬 같은 소리를 내고
슬픔에다 기쁨을 반반씩 어무린 색깔로
연등날 지등의 불빛이 흔들리듯
내 가슴에 기쁨 같은 슬픔 같은 것의 물결이
반반씩 한꺼번에 녹아 흐르기 시작한 것은
평발 밑으로 처져 내린 등꽃송이를 보고 난
그 후부터다.

밑뿌리야 절제 없이 뻗어 있겠지만
아랫도리의 두어 가닥 튼튼한 줄기가 꼬여
큰 둥치를 이루는 것을 보면
그렇다 너와 내가 자꾸 꼬여 가는 그 속에서
좋은 꽃들은 피어나지 않겠느냐?

또 구름이 내 머리 위 평발을 밟고 가나 보다
그러면 어느 문갑 속에서 파란 옥빛 구슬
꺼내 드는 은은한 소리가 들린다.

송수권

나의 친구 송수권. 풍류와 낭만의 시인. 인생 그 자체를 시로 살고 싶었던 시인. 한 세월 어울려 그와 좋았다. 아니 강원도 속초의 이성선 시인과 함께 셋이서 좋았다. 시적 경향이 비슷하면서도 서로 결이 달랐던 세 사람. 한 번도 반목하지 않고 친하게 지냈던 것을 생각하면 미소가 절로 나오고 고마운 마음이 든다.

우리 세 사람은 자동차 운전을 하지 못하는 사람들이란 점이 또 하나 공통점이었다. 그만큼 현대 문명에로의 진화가 덜 된 사람들이었던 것이다. 실상 나도 그런 이성선과 송수권이 좋았다. 만나면 형제애를 느꼈고 헤어지면 멀리 그립곤 했다. 나의 가난하고 고달프기만 했던 젊은 날 그 두 사람과의 만남은 하나의 축복이었다.

사람들은 송수권의 작품 가운데서 등단작이기도 한 「산문에 기대어」를 최고의 작품으로 꼽는다. 그러나 나는 이 작품 「등꽃 아래서」를 가장 사랑하는 작품으로 꼽는다. 시인이 자랑하고 아꼈던 남도 정신이 이처럼 잘 나타날 수 없이 여실히 드러난 작품이다. 인생을 바라보는 그윽한 여유까지가 만발한 작품이다.

시인은 이제 세상에 없지만 시 안에서 시인은 말한다. '힘드냐? 그러면 쉬어 가라. 쉬엄쉬엄 가라. 그렇게 바쁘게 간다 해도 마지막 지점은 같을 것이다.'

# 마지막 기도

슬픔 속에서 잠자리에 들고
똑같은 슬픔 속에서 잠을 깬다.
나는 모든 걸 견딜 수가 없어
비 맞으며 여기저기를 걸어 다녔다.
아버지여,
모든 생명의 근원이시여,
우주의 영이여,
생명의 샘물이여,
나를 도우소서.
내 삶의 마지막 며칠, 마지막 몇 시간만이라도
당신께 봉사하며 당신만을 바라보며
살 수 있도록 나를 도우소서.


레프 니콜라예비치 톨스토이

몇 년 전 나는 푸시킨과 톨스토이를 찾아 러시아 여행을 감행한 일이 있다. 톨스토이의 저택을 모스크바에서 만났다. 저택의 규모에도 놀랐지만 정작 톨스토이가 생전에 입었다는 털외투를 보고 놀랐다. 내 몸의 두 배쯤 되는 스케일이었다.
'러시아에는 두 개의 권력이 있다. 하나는 차르이고 또 하나는 톨스토이다.' 한때 그런 말이 있을 정도로 민중적인 지지가 높았던 소설가. 그대로 거인이다. 생전에 독실한 크리스천이기를 소망했다고 한다. 그러하기에 이런 기도시를 남겼을 것이다.

# 두 번은 없다

두 번은 없다. 지금도 그렇고
앞으로도 그럴 것이다. 그러므로 우리는
아무런 연습 없이 태어나서
아무런 훈련 없이 죽는다.

우리가, 세상이란 이름의 학교에서
가장 바보 같은 학생일지라도
여름에도 겨울에도
낙제란 없는 법.

반복되는 하루는 단 한 번도 없다.
두 번의 똑같은 밤도 없고,
두 번의 한결같은 입맞춤도 없고,
두 번의 동일한 눈빛도 없다.

어제, 누군가 내 곁에서
네 이름을 큰 소리로 불렀을 때,
내겐 마치 열린 창문으로
한 송이 장미꽃이 떨어져 내리는 것 같았다

오늘, 우리가 이렇게 함께 있을 때.
난 벽을 향해 얼굴을 돌려버렸다.
장미? 장미가 어떤 모양이었지?
꽃이었던가, 돌이었던가?

힘겨운 나날들, 무엇 때문에 너는
쓸데없는 불안으로 두려워하는가.
너는 존재한다 - 그러므로 사라질 것이다
너는 사라진다 - 그러므로 아름답다

미소 짓고, 어깨동무하며
우리 함께 일치점을 찾아보자.
비록 우리가 두 개의 투명한 물방울처럼
서로 다를지라도…….

비스와바 심보르스카

용인에 있는 한국외국어대학에 문학 강연을 한 적이 있다. 그때 나를 초청해준 교수가 책 한 권을 선물했다. 바로 비스와바 심보르스카의 시집 『끝과 시작』. 바로 그 책을 한국어로 번역한 최성은 교수였다. 두툼한 책. 가슴에 안았다.

시집 제목부터 특별했다. '시작과 끝'이 아닌 '끝과 시작'. 노벨문학상 수상 시인의 시편이라는데 이해가 가까웠고 생활적이며 근원적이었다. 인생과 자연, 우주를 새롭게 보는 안목을 주었다. 진정한 신선미와 친근미가 함께 깃들어 있었다.

## 내 인생은 장전된 총

내 인생은 장전된 총
구석에 서 있던 어느 날
마침내 주인이 지나가다 날 알아보고
나를 데려갔다.

그리고 우리는 국왕의 숲을 헤매면서
사슴사냥을 하고 있다.
내가 주인 위해 고함칠 때마다
산과 들은 두려움에 떤다.

내가 미소를 지으면 힘찬 빛이
계곡에서 번쩍한다.
베수비어스 화산이
즐거움을 토해내는 듯하다.

밤이 되어 멋진 하루가 끝나면
나는 주인님 머리맡을 지킨다.
밤을 함께 보내다니 푹신한
오리 솜털 베개보다 더 좋다.

그분의 적에게 나는 무서운 적이다.
내가 노란 총구를 겨누거나
엄지에 힘을 주면
아무도 두 번 다시 움직이지 못한다.

비록 그분보다 내가 더 오래 살지 모르나
그분은 나보다 더 오래 살아야 한다.
나는 죽이는 능력은 있어도
죽는 힘은 없으므로.

에밀리 디킨슨

---

평생 자신의 2층 방에 갇혀 세상과 단절되어 살았던 시인. 살면서 두 차례 정도 외부 여행을 떠난 일밖에는 없다는 시인. 그것도 아버지를 따라서. 생전에 평가받지 못했지만, 사후에 미국 시문학의 중추가 된 시인.

조금은 충격적이다. 시인 자신이 총에 빙의되어 총의 마음을 썼다. 섬뜩하다. 사람이 총이고 총이 사람이다. 그 잔인함에 대해서 썼다. 이것도 고발일까. 아니면 도발이거나 자랑일까. 역시 미국 시인답고 미국 풍토답다. 내면에 분출하는 힘과 분노 같은 걸 느낀다.

# 집

상이 차려졌다, 아들아
크림의 고요한 흰색과 함께,
그리고 네 벽에는 질그릇들이
푸른빛을 내며 반짝이고 있다.
여기 소금이 있고, 기름은 여기
가운데는 거의 말을 하고 있는 빵.
빵의 금빛보다 더 아름다운 금빛은
대나무나 과일엔 없으니,
그 밀 냄새와 오븐은
끝없는 기쁨을 준다.
굳은 손가락과 부드러운 손바닥으로
우리는 더불어 빵을 쪼갠다, 귀여운 애야.
검은 땅이 흰 꽃을 피워내는걸
네가 놀라운 눈으로 보고 있는 동안.
빵을 가지러 가는 네 손을 낮추어라.
네 엄마가 자기의 손을 낮추듯이.
아들아, 밀은 공기로 된 것이고
햇빛과 괭이로 된 것이란다.
그러나 이 빵, '신의 얼굴'이라고 불리는 이 빵은

모든 식탁에 놓여 있는 게 아니다.
그리고 다른 애들이 그걸 갖지 못했다면
아들아, 그걸 건드리지 않는 게 좋고,
부끄러운 손으로
너는 그걸 가져가지 않는 게 좋다.

아들아, 굶주림은 그 찌푸린 얼굴로
타작하지 않은 밀을 휩싸며 회오리친다.
그들은 찾지만, 서로 발견하지 못한다.
빵과 곱사등이 굶주림은.
그러니 그가 지금 들어오기만 하면 발견하는 것이니,
우리는 이 빵을 내일까지 먹지 말고 놔둘 일이다.
케추아 인디언은 닫는 법이 없는
문을 타오르는 불로 표시하고,
그리고 굶주림이 몸과 영혼이 잠들 때까지
먹는 걸 볼 일이다.

가브리엘라 미스트랄

가브리엘라 미스트랄. 칠레의 여성 시인. 젊은 네루다가 시에 경도될 때 가까운 이웃에 살며 영향을 주었다는 바로 그 시인. 네루다보다 앞서 조국 칠레에 노벨문학상 수상의 기쁨과 영광을 안겨준 시인.

시의 행간이 시원스럽고 거침이 없다. 그러면서도 겸허하다. 여성 시인의 섬세함과 부드러움을 함께 읽는다. 아들의 이름을 부르면서 타이르는 듯한 목소리가 친근하면서 자애롭다. 시란 묘한 것이다. 몇 개 되지 않는 문장을 통해 인간의 마음 갈기를 이렇게도 순하게 다스려준다.

# 행복

행복을 찾아 헤매는 동안
그대는 행복해질 준비가 되어 있지 않다
가장 사랑하는 것들이 모두 그대 것일지라도

이미 잃어버린 것을 안타까워하는 동안
그대는 목표를 가지고 쉼 없이 달리지만
무엇이 평안인지 알지 못한다

모든 소망을 단념하고
목표와 욕망도 잊어버린 채
행복에 대해 더는 말하지 않을 때

행위의 물결이 그대 마음에 닿지 않고
그대 영혼은 비로소 쉬게 될 것이다.

헤르만 헤세

행복은 인류 공통의 영원한 화두다. 그런 가운데 헤르만 헤세의 생각. 서양 사람이면서 동양적인 사유를 사랑했고 명상과 고요와 영성을 두루 지녔던 헤세. 그가 밝히는 행복관. 어쩌면 헤세의 행복관은 행복에만 한정된 것이 아니고 인생 전반으로 확대 재생산되는지도 모르겠다.

의도하면 오히려 본질이 흐려지고 그 자체가 잘 이루어지지 않는다는 것. 예를 들어 야구에서 타자들이 홈런을 의식하면 오히려 볼이 빗맞고 자유롭게 볼을 쳤을 때 홈런이 나오는 것처럼 말이다. 굳이 염원하지 않을 때 행복이 온다는 것. 한 수 배울 일이다.

# 청춘

청춘이란 인생의 어떤 한 기간이 아니라
마음가짐을 뜻한다.
장밋빛의 용모, 붉은 입술, 나긋나긋한 손발이 아니라
굳센 의지, 풍부한 상상력, 타오르는 열정을 가리킨다.
청춘이란 인생에서 깊은 샘의 청량함을 말한다.

청춘이란 두려움을 물리치는 용기,
안이함을 따르고 싶은 마음을 물리치는 모험심을 의미한다.
때로는 20세 청년보다도 70세 노인에게 청춘이 있다.
나이를 더해가는 것만으로 사람은 늙지 않는다.
꿈을 잃어버릴 때 마음은 늙는다.
세월은 주름살을 늘려주지만
열정을 잃으면 곧 마음이 시든다.
고뇌, 공포, 실망 때문에 기력은 땅에 떨어지고
정신은 가벼운 먼지가 된다.

70세든 20세든 인간의 가슴에는
경이에 끌리는 마음, 어린애 같은 미지에 대한 호기심,
인생에 대한 흥미와 환희가 있다.

그대에게도 나에게도 마음의 눈에 보이지 않는 편지함이
있다.
인간과 하느님으로부터 아름다움과 희망, 기쁨과 용기,
힘의 영감을 받는 한 그대는 충분히 젊다.

영감이 사라지고, 정신이 미궁의 눈에 덮이고,
비통함의 얼음에 갇혀 있을 때
20세라도 인간은 늙는다.
머리를 높이 들고 희망의 물결을 붙잡는 한,
80세라도 그 사람은 청춘으로 살 수 있다.

사무엘 울만

---

이보다 힘찬 웅변이 없다. 인생에 대한 웅변, 삶에 대한 웅변이다. 어느 날 살아가다가 지쳤거나 우울할 때 소리 내어 읽으면 좋을 문장이다. 용기를 얻을 것이다. 스스로 반성이 될 것이다. 아, 아직은 아니구나. 아직은 가능하겠구나.

미래를 안을 일이고 희망을 안을 일이다. 자기 안에서 가능성을 찾으면서 인생의 이정표로 삼아야 한다. 인생이 무서워 지레 기죽을 일은 없다. 과감하게 자기 인생을 열어나갈 일이다. 당신이 꿈꾼다면 바로 당신이 청춘의 사람이다.

## 시집 「풀잎」의 서문


인생은 당신이 배우는 대로 창조되는 학교이다.

당신의 현재 생활은 책 속의 한 장에 지나지 않는다.
당신은 지나간 장들을 썼고, 남은 장들을 써나갈 것이다.
당신이 당신 자신의 저자이다.
사람이 자기 조국을 사랑하는 것은 자연스러운 일이다.
그러나 왜 국경에서 멈추는가?
모든 사람이 볼 수 있도록 당신의 사상을 하늘 위에
불로 새겨놓은 것처럼 그렇게 사고하라.
진실로 그렇게 하라.

온 세상이 단 하나의 귀만으로 당신의 말을 들으려고 하는
듯이
그렇게 말하라. 진실로 그렇게 하라.

당신의 신이 존재를 확인받기 위해 당신을 필요로 하듯이
살아라.
진실로 그렇게 하라.

땅과 태양과 동물들을 사랑하라. 부를 경멸하라.
원하는 모든 이에게 자선을 베풀라.
어리석고 제정신이 아닌 일에 맞서라.
당신의 수입과 노동을 다른 사람을 위한 일에 돌려라.
신에 대하여 논쟁하지 말라.
사람들에게는 참고 너그럽게 대하라.
당신이 모르는 것, 알 수 없는 것 또는
사람 수가 많든 적든 그들에게 머리를 숙여라.
지식은 갖추지 못했으나 당신을 감동하게 하는 사람들,
젊은이들, 가족의 어머니들과 함께 가라.
자유롭게 살면서 당신 생애의 모든 해, 모든 계절,
산과 들에 있는 이 나뭇잎들을 음미하라.
학교, 교회, 책에서 들은 모든 것을 다시 검토하라.
당신의 영혼을 모욕하는 것은 무엇이든지 멀리하라.

월트 휘트먼

---

시집 '서문'이라고는 하지만 그대로 시다. 아니, 시보다 더 울림이 큰 시다. 링컨 대통령이 살았던 시절, '캡틴 나의 캡틴.' 하면서 링컨 대통령을 찬양하는 시를 썼던 시인.
통이 큰 목소리가 들린다. 그 문장을 우리는 영화 〈죽은 시인의 사회〉에서 보았던가 싶다. 링컨 대통령이 비운으로 죽자, 그 조사를 또 썼다는 이야기는 전설처럼 전해진다.

# 아이를 얕보지 마세요

아이를 얕보지 마세요
그 아이의 집이 평범하고 보잘것없는 집이라고
아이를 얕보지 마셔요
링컨의 집도 통나무집이었답니다

부모가 무식하다고
아이를 얕보지 마셔요
셰익스피어의 아버지는 자신의 이름조차
쓸 수 없었답니다

보잘것없는 직업을 가졌다고
아이를 얕보지 마셔요
『천로역정』의 작가 존 버니언도 땜장이었답니다

몸에 장애가 있다고 해서
아이를 얕보지 마셔요
밀턴도 시각장애인이 아니었던가요!

아이를 얕보지 마셔요

그들이 인생살이에 있어서 언젠가는
앞장설 수 있어서가 아니라
그것은 옳은 일이 아니고 불친절한 일이고
무례하기까지 한 일이기 때문입니다.


로버트 베이든 파월


---

보이스카우트를 창시한 분의 글이라고 한다. 역시 그 신분답게 어린 생명을 소중히 대하고자 하는 선한 의지가 잘 드러나 있다. 이런 글이라도 자꾸 읽으면서 어린 사람, 약한 사람, 뒤처진 사람을 챙겨주는 마음을 길러야 할 일이다.

조연이 있기에 주연이 있는 것이라고 생각한다. 아무리 주연이라 해도 자기 관리를 잘 하지 않으면 하루아침에 나락으로 떨어지고 만다. 모름지기 자기를 챙기면서 살아야 할 일이다. 아니다. 다른 사람을 챙겨주면서 살아야 할 일이다.

## 연꽃 피는 날이면


아, 연꽃이 피는 날이면, 슬퍼집니다.
제 마음 길을 잃고 헤매니 이를 어찌하면 좋겠습니까.
광주리는 비었건만 돌아보는 이도 없는 채 꽃은 남아 있나이다.
오직 슬픔만이 가끔 이 몸에 닥쳐와 꿈에서 놀라 일어나면
남풍을 타고 불어오는 이상한 향기의 달콤한 흔적만이 느껴집니다.
이 어렴풋한 달콤한 향기가 그리움으로 내 가슴을 아프게 하니
이는 여름이 뜨거운 숨길의 완성을 찾는 것이라고 생각될 뿐이옵니다.
이때에도 제 몸은 그렇게 가까이 있는 줄은 몰랐고,
또 그것이 제 것이며 이 완전한 향기가 제 가슴
한바닥에 피었을 줄은 몰랐나이다.


라빈드라나트 타고르

―――――

남성 시인인데 발성은 여성 어법이다. 아니마. 카를 융의 심리학에 나오는 '남성이 지니는 무의식적인 여성적 요소'. 이러한 경향은 다른 남성 시인들에게도 있을 수 있겠다. 우리나라 한용운 시인의 「님의 침묵」의 세계도 그렇다 하겠다.

참 부드럽고 그윽한 세상이다. 누군가 고운 한 사람, 하루 종일 연꽃송이를 바라보고 있는 것 같은, 고즈넉한 향기가 전해진다. 시 그 자체가 기도이고 명상이고 노래다. 순결한 사랑의 고백. 우리도 이런 시를 통해 조금씩 마음이 맑아진다.

# 원무

전 세계 소녀들이 모두 손을 잡는다면
바다를 둘러싼 원무를 출 수 있으리

전 세계 소년들이 모두 사공이 된다면
파도 위에 멋진 배다리를 놓을 수 있으리

이처럼 전 세계 모든 인류가
손에 손을 잡기만 한다면

세계의 변두리를 한 바퀴 도는
론도˙를 한 판 즐겁게 출 수 있으리.

**폴 포르**

• 론도. 프랑스에서 생겨난 2박자의 경쾌한 춤곡.

참 멋진 상상이다. 상상이란 현실적인 경험이 확대되고 재생산되어 나타나는 아름다운 세계다. 결코, 공상과는 다르다. 공상이 허황된 세상을 어지럽게 그려낸다면 상상은 실현 가능한 세상을 질서 정연하게 나타낸다는 점에서 많이 다르다.

우리가 사는 지구상의 모든 소녀가 손을 잡는다면 지구 전체가 하나의 춤판이 된다는 꿈! 지구상의 모든 소년이 뱃사공이 된다면 지구에 멋진 배다리 하나가 생길 거라는 소망! 이러한 꿈과 소망은 그 자체로서 의미가 있다.

# 서정시를 쓰기 힘든 시대

나도 안다, 행복한 자만이
사랑받고 있음을. 그 목소리는
듣기 좋고, 얼굴은 잘생겼다.

마당의 구부러진 나무는
질 나쁜 땅에서 자라고 있다. 그러나
지나가는 사람들은 으레 나무를
못생겼다고 말한다.

해협 위의 색색의 보트와 즐거운 돛단배들이
내게는 보이지 않는다. 무엇보다도
어부들의 찢어진 그물이 눈에 띌 뿐.
왜 나는 자꾸
40대의 소작인 처가 허리를 구부리고 걸어가는 것만 이야기하는가?
처녀들의 젖가슴은
언제나 따스한데,

내 시에 운을 맞춘다면 그것은

내게는 오만함처럼 느껴진다.
꽃피는 사과나무에 대한 경이와
거짓 화가에 대한 경악이
나의 마음속에서 갈등하고 있다.
바로 이 두 번째 마음이
나로 하여금 시를 쓰게 한다.


베르톨트 브레히트

―――

일찍이 만나본 일 없는 시인의 시. 그런데 좋다. 마음에 든다. 왜? 내 생각이나 느낌, 삶의 의도와 무언가 맞닿아 있어서 그럴 것이다. 정보나 알음알이 없이도 사람은 때로 이렇게 정서적으로 통할 때가 있다.

이 사람, 이 시인 아무래도 앵그리 맨이다. 화를 내고 있는 사람. 자기의 문제 때문에 화를 내는 것이 아니라 타인의 일로 화를 내고 있는 사람. 나이 든 앵그리 맨은 꽤나 좋은 사람이다. 이 시인의 심성도 좋은 인간의 마음에 가 있다.

# 아내를 위하여

친구들 모두 나보다 잘난 듯 보이는 날은
꽃다발 사 들고 와
아내와 오순도순

아이를 업고
눈보라 몰아치는 정거장에서
나를 배웅해주던 아내의 속눈썹이여

책 사고 싶다, 책을 사고 싶다고
귀를 울리는 심술은 아니지만
아내에게 말해본다

그 옛날 아내 소원은
음악 속에서 살아가는 것이었지
지금은 노래 잃어

여덟 해 전의
현재의 내 아내의 편지 한 묶음
어디에 두었던가 마음에 걸리누나

인연을 끊은 딴 남자의 여자처럼
나의 아내가 멋대로 구는 날에
달리아만 본다

고양이 치면 고양이가 또다시
부부싸움의 원인이 되고 말리
슬픈 우리 가정

우리 뜰 밖을 흰 개가 지나갔다
돌아다보면서
개를 길러보자고 아내와 얘기했다

이시카와 다쿠보쿠

이 시를 쓴 시인은 일본의 김소월이라고 불릴 만큼 대중적인 지지를 많이 받는 시인이다. 오래전 일본 여행을 가서 100엔 숍에 들렀을 때 거기에 이 시인의 시집이 100엔에 팔리고 있어서 사 온 일이 있다.

이 시인은 자유시도 썼지만, 일본의 정형시 가운데 하나인 와카和歌를 많이 썼다. 와카는 5, 7, 5, 7, 7의 음수율을 밟는 일본의 정형시. 와카를 줄이면 또 하이쿠가 된다. 위의 글들은 다쿠보쿠의 와카 가운데 아내와 관계된 것들만 골랐다. 짧은 일생. 불행했던 삶. 그 가운데 아내와의 사랑 이야기가 처절하게 남아 아직도 핏빛이다.

# 살아남은 자의 슬픔

물론 나는 알고 있다.
운이 좋았던 덕분에
나는 친구들보다
오래 살아남았다.
그러나 지난 꿈속에서
친구들이 나에 대하여
이야기하는 소리가 들렸다.
"강한 자는 살아남는다."
나는 내가 미워졌다.

베르톨트 브레히트

꿈 이야기. 꿈속에서 만난 사자死者와의 대화에 대한 자기반성, 또는 반문. 실상 시인은 강한 자가 아니었던가 보다. 운이 좋아서, 다만 운이 좋아서 다른 친구들보다 오래 살아남았을 뿐이었던 사람이란다. 그런데 꿈속에서 친구들의 소리를 듣는다. '강한 자는 살아남는다.' 어쩌면 그것은 이미 상식적이고 당연한 일이 아닌가. 그런데 시인은 그 말을 듣고 자기 자신이 미워졌다고 한다. 왜일까? 미안함 때문이었을까.

# 나무

지금은 황혼
나무처럼 사랑스러운 시를
이전에는 보지 못했네.

단물이 흐르는 대지의 젖가슴에
목마른 입술을 대고 있는 나무.

온종일 하느님을 바라보며
잎이 무성한 팔을 들어 기도하는 나무.

여름에는 제 머리칼에
지빠귀새 둥지를 틀게 하고

눈이 내리면 안아주고
여름비하고도 친하게 지내는 나무,

시는 나 같은 바보가 쓰지만
나무를 기르는 건 오직 하느님뿐이시네.

조이스 킬머

---

일찍이 모든 시인들은 나무를 노래했다. 아니다. 나무의 마음을 시로 쓴다. 그렇지 않으면 시인이 아니다. 지상에서 가장 선하고 아름다운 존재는 나무다. 아니다. 나무가 시인이고 시인은 그의 제자이거나 심부름꾼이다.

그 오묘한 세계를 시인 조이스 킬머도 보았다. 마음이 맑고 영성이 뛰어난 사람이다. 나무를 통해 하느님의 세상을 읽었다. 진짜 시인의 나라를 보았다. 시인들은 나무를 찬양할 일이다. 나무를 배워야 할 일이다. 그러면 나무가 시를 가르쳐주리라.

# 미뇽

그리움의 뜻을 아는 사람만이
나의 슬픔을 알 수 있겠네!
세상 모든 즐거움에서
나만 홀로 떠나 있어
저편 하늘만 바라보는데
나를 알고
나를 사랑하시는 이
머나먼 곳으로 가버렸네.
아아, 눈앞이 캄캄하고
내 가슴 불타는 듯하네.
그리움의 뜻을 아는 사람만이
나의 슬픔을 알 수 있으리.

요한 볼프강 폰 괴테

괴테란 인물을 내가 제대로 알게 된 것은 2007년 병원에 6개월 장기 환자로 입원해 있을 때. 병세가 호전되어 병원 지하층 서점에서 책 한 권을 사서 읽었는데 그 책이 바로 괴테의 『이탈리아 기행』. 그야말로 전인적 인간. 그 품이 놀라웠다.
그것은 병으로 조그마해진 내가 더 조그마해지는 순간이었다. 시인으로서의 괴테. 오로지 사랑스럽다. 이분은 나이를 암만 먹어도 사랑스럽다. 꿈을 꾼다. 늙지 않고 죽지도 않는다. 사랑의 기쁨이 지극하면 슬픔이 되기도 하리라.

너에게로 가지 않으려고 미친 듯 걸었던

그 무수한 길도

실은 네게로 향한 것이었다

# 2

사랑했다고
사랑한다고
사랑할 것이라고

# 이별노래

떠나는 그대
조금만 더 늦게 떠나 준다면
그대 떠난 뒤에도 내 그대를
사랑하기에 아직 늦지 않으리
그대 떠나는 곳
내 먼저 떠나가서
그대의 뒷모습에 깔리는
노을이 되리니
옷깃을 여미고 어둠 속에서
사람의 집들이 어두워지면
내 그대 위해 노래하는
별이 되리니
떠나는 그대
조금만 더 늦게 떠나 준다면
그대 떠난 뒤에도 내 그대를
사랑하기에 아직 늦지 않으리

정호승

시가 노래가 되면 날개를 단다. 멀리 간다. 그래서 시가 노래가 되는 일은 행운이기도 하다. 아니다. 반대로 노래가 시를 만나는 일이 더 행운이다. 아무런 시나 노래가 되는 건 아니다. 가장 좋은 시가 노래가 된다. 노래가 된 시. 그래서 시인과 시를 멀리까지 데리고 가 준 시. 이동원이란 가수의 노래로 이 시가 노래 불려질 때 듣는 사람들도 함께 가슴 조이면서 눈물 흘리던 시절이 우리에게는 오래 있었다. 노래를 들으면서 알 수 없는 슬픔이며 울분까지를 달래던 시절이 분명 우리에게는 있었다. 당시엔 힘겨웠는데 돌아보니 그 역시 그리운 시절이다.

## 바람의 말

우리가 모두 떠난 뒤
내 영혼이 당신 옆을 스치면
설마라도 봄 나뭇가지 흔드는
바람이라고 생각지는 마.

나 오늘 그대 알았던
땅 그림자 한 모서리에
꽃나무 하나 심어 놓으려니
그 나무 자라서 꽃 피우면
우리가 알아서 얻은 모든 괴로움이
꽃잎 되어서 날아가 버릴 거야.

꽃잎 되어서 날아가 버린다.
참을 수 없게 아득하고 헛된 일이지만
어쩌면 세상 모든 일을
지척의 자로만 재고 살 건가.
가끔 바람 부는 쪽으로 귀 기울이면
착한 당신, 피곤해져도 잊지 마,
아득하게 멀리서 오는 바람의 말을.

마종기

---

아, 바람의 말이네. 발도 없이 흘러가고 팔도 없이 만지고 입도 없이 말하고 귀도 없이 듣는 바람. 허무하면서도 안타깝고 서러운 바람. 실은 그 바람은 내가 사랑했던 사람의 영혼. 바람이었기에 자취 없이 내 곁을 맴돌면서 나를 지켜보면서 나에게 말을 하네.
사랑했다고, 사랑한다고, 사랑할 것이라고. 사랑의 헛헛함, 덧없음이여. 원대함이여. '착한 당신, 피곤해져도 잊지 마' 이 말 한마디에 우리는 그만 무너져버리고 만다. 그냥, 무조건 착한 사람이 되어버리고 만다. 사랑 앞에서 일어나는 기적, 사랑의 힘이고 시의 힘이다.

## 푸른 밤

너에게로 가지 않으려고 미친 듯 걸었던
그 무수한 길도
실은 네게로 향한 것이었다

까마득한 밤길을 혼자 걸어갈 때에도
내 응시에 날아간 별은
네 머리 위에서 반짝였을 것이고
내 한숨과 입김에 꽃들은
네게로 몸을 기울여 흔들렸을 것이다

사랑에서 치욕으로,
다시 치욕에서 사랑으로,
하루에도 몇 번씩 네게로 드리웠던 두레박

그러나 매양 퍼 올린 것은
수만 갈래의 길이었을 따름이다
은하수의 한 별이 또 하나의 별을 찾아가는
그 수만의 길을 나는 걷고 있는 것이다

나의 생애는

모든 지름길을 돌아서

네게로 난 단 하나의 에움길이었다


나희덕

나와 너. 이 세상, 특히 사람의 관계는 아주 복잡한 것 같지만 매우 단순하다. 딱 두 부분으로 구성되어있다는 것. 너와 나, 그 두 가지. '나'는 하나이지만 그 하나인 나를 제외한 모든 사람이 '너'라는 사실. 그래도 그중에서 소중한 것은 나이다. 하지만 그 소중한 내가 좋아지기 위해서는 네가 필요하고 너의 도움이 적극적으로 있어야 한다.

사랑이라는 것도 그러하다. 철저히 그것은 나와 너의 관계에서 오는 줄다리기 같은 것. 내가 아무리 사랑한다 해도 네가 받아주지 않으면 안 되는 것이 사랑이다. 누군가를 사랑하면서 우리는 타인의 존재에 대해서 학습한다. 타인의 존재나 기능에 따라 기뻐하기도 하고 슬퍼하기도 하고 외로워하기도 한다.

시인도 그렇다. 사랑의 줄다리 위에서 힘들어하고 고달파한다. 사랑의 파노라마. 꽃으로 피었다가 강물로 흘렀다가 산맥으로 솟았다가 끝내 별이 되기도 하는 사랑. 너와 반대쪽으로 향한 길이 오히려 너의 쪽으로 가까워지고 만 길. 그 길 끝에서 시인은 고백한다. '나의 생애는/ 모든 지름길을 돌아서/ 네게로 난 단 하나의 에움길이었다.' 여기서 '에움길'이란 '안으로 굽어든 길'을 말한다.

## 애너벨 리

아주 아주 오랜 옛날
바닷가 한 왕국에
애너벨 리라고 불리는
한 소녀가 살았다네.
나를 사랑하고 내 사랑받는 일밖에는
아무런 다른 생각도 없는 그녀가 살았다네.

나 어렸었고 그녀도 어렸었지,
바닷가 이 왕국에.
그러나 나와 나의 애너벨 리는
사랑 이상의 사랑을 하였다네.
천국의 날개 달린 천사들도 그녀와 나를
부러워할 만큼.

그것이 이유였지, 오래전,
바닷가 왕국에
바람이 구름으로부터 불어와
내 아름다운 애너벨 리를 싸늘하게 하였다네.
그리하여 그녀의 지체 높은 친척들이 찾아와

내게서 그녀를 데려가
바닷가 이 왕국의 무덤에
가둬버렸다네.

하늘나라에서 우리의 반쯤밖에 행복하지 못한 천사들이
그녀와 나를 시기한 탓이었네.
그렇지! 그것이 이유였지. (바닷가 이 왕국의 모든 사람들이 알고 있듯이)
구름으로부터 바람이 불어와
나의 애너벨 리를 숨지게 한 것은.

그러나 우리의 사랑은 훨씬 더 강했었네
우리보다 나이 많은 사람들의 사랑보다도
우리보다 현명한 사람들의 사랑보다도.
그리하여 하늘나라 천사들도
바다 밑 악마들도
나의 영혼을 아름다운 애너벨 리의
영혼으로부터 떼어놓을 수 없었다네.

달빛도 내가 아름다운 애너벨 리의
꿈을 꾸지 않으면 비추지 않고
별빛도 내가 아름다운 애너벨 리의 빛나는
눈을 바라보지 않으면 반짝이지 않네.
그래서 나는 밤이 지새도록
나의 사랑, 나의 사랑, 나의 생명,
나의 신부 곁에만 누워 있네.
바닷가 그곳 그녀의 무덤에
파도 소리 들리는 바닷가 그녀의 무덤에.


에드거 앨런 포



---

가슴이 벅차오른다. 지금도 이 시를 읊조리면 가슴이 두근거린다. 뜨거워진다. 나의 소년은 회복되고 그리움은 돌아오고 미지의 한 어여쁜 사람이 오뚝하니 서서 나를 바라보고 있다. 오, 애너벨 리. 에드거 앨런 포의 옛사랑.

# 내가 죽거든

사랑하는 사람이여, 내가 죽거든
나를 위해 슬픈 노래를 부르지 마셔요
무덤의 머리맡에 장미꽃을 심어 꾸미지도 말고
그늘진 사이프러스 나무 같은 것도 심지 마셔요

비를 맞고 이슬에 담뿍 젖어서
다만 푸른 풀들만 자라게 하셔요
그리고…… 당신이 원하신다면 나를 생각해주시고
잊고 싶으면 잊어주셔요

나는 푸른 그늘을 보지 못할 것이며
비 내리는 것도 느끼지 못할 겁니다
종달새의 귀여운 울음소리도
또한 나는 듣지 못할 겁니다

아무것도 들리지 않고 또 보이지 않는
어둠 속에 누워 꿈이나 꾸면서
다만 당신을 생각하고 있으렵니다

아니에요, 어쩌면 나도 당신을 잊을지도 모르겠어요

크리스티나 로제티

---

아, 유언이다. 이다음 죽어서 있을 일들을 말하고 있다. 자기가 죽은 뒤 무덤을 만들고는 그 무엇도 장식하거나 꾸미지 말라는 부탁. 왜 그럴까? 죽은 다음에 그런 것들이 무슨 필요가 있겠느냐는 허무감에서 그런 것일까.

글쎄, 이미 죽은 사람인데 그런 부탁이나 당부가 무슨 소용이란 말인가. 어쩌면 극진한 부탁이나 당부를 이런 식의 반어법으로 표현하는 건 아닐까 모르겠다. 애상이다. 하지만 조금 포근하고 달콤하기까지 한 애상. 이러한 애상을 통해 우리는 동병상련의 위로를 얻기도 한다.

## 우연

나는 하늘의 한 조각 구름
어쩌다 그대 물결치는 마음에
그림자를 드리우더라도
놀라지 마세요
기뻐하지도 마세요
순식간에 흔적도 없이 사라질 테니까요
그대와 나 어두운 밤바다에서 만났지요
그대는 그대의 길이, 나는 나의 길이 있어요
그대가 나를 기억하는 것도 좋겠지만
더 좋은 것은 나를 아예 잊는 일
우리가 만났을 때 쏟아졌던 눈부신 빛조차도.

쉬즈모

놀랍다. 공산주의가 한창 일어나던 시절에, 중국의 이런 시와 시인이 있었다니. 그러기에 한때 핍박을 받고 뒤에 또 복권되고 그랬을것 같다. 중국 현대 시의 기원이 되는 시인이란다. 그런데 내가 몰랐던 것은 오로지 내 무관심과 무식의 탓이다.

좋은 가문에서 태어난 엘리트로 한꺼번에 여러 여성과의 사랑으로도 소문이 등등했으며 결국 비행기 추락 사고로 요절했다고 한다. 시인의 삶처럼 멜랑콜리하고 자유분방한 시. 사랑의 문장이다. 얼핏 여성 시인의 시를 읽는 느낌이 든다.

# 상처

나는 덤불 속에 가시가 있다는 것을 알지만
그렇다고 꽃을 찾던 손을 멈추지는 않겠네.
그 안의 꽃이 모두 아름다운 것은 아니지만
만약 그렇게라도 하지 않는다면
꽃의 향기조차 맡을 수 없기에.

꽃을 꺾기 위해서 가시에 찔리듯
사랑을 구하기 위해서는
내 영혼의 상처도 감내하겠네.
상처받기 위해 사랑하는 게 아니라
사랑하기 위해 상처받는 것이기에.

조르주 상드

―――
이 사람은 보다 본질적이고 용기가 있는 사람이다. 가시덤불 속에 가시가 있다는 걸 알지만 결코 꽃을 찾는 손길을 멈추지 않겠다는 자각. 귀한 것이다. 당당한 것이다. 그야말로 젊은이의 특권이요 용기다. '상처받기 위해 사랑하는 게 아니라/ 사랑하기 위해 상처받는 것이기에.' 이러한 구절은 몇 번이고 외우다 보면 우리에게도 그런 용기가 조금씩 돌아오지 않을까. 이럴 때 시는 참 유용하다. 프랑스 낭만주의 시대 사랑의 여신, 남장 여인. 연하남인 시인 뮈세, 음악가 쇼팽과의 모성애적 사랑은 전설적이다.

# 청명한 공기

나는 내 앞을 보았네
군중 속에서 나 너를 보았고
밀밭 사이에서 나 너를 보았고
나무 밑에서 나 너를 보았네

내 모든 여행의 마지막에서
내 모든 고통의 밑바닥에서
물속에서 불 속에서
떠오르다 감도는 내 모든 웃음 속에서

여름에도 겨울에도 나 너를 보았고
나의 집에서 나 너를 보았고
나의 품 안에서 나 너를 보았고
나의 꿈속에서 나 너를 보았네

나 이제는 네 곁을 떠나지 않겠네.

폴 엘뤼아르

사랑 노래치고서는 대단한, 광폭廣幅의 사랑 노래다. 자기의 생활 모든 공간과 과정을 통해 사랑하는 사람을 보았다고 밝힌다. 듣거나 만진 것도 아니고 줄창 보았다고만 말한다. 본다는 인간 행위가 그렇게 사랑과 관계가 깊다.

광활한 느낌. 읽는 마음에게도 자유와 해방감을 안긴다. 적덕積德이다. 노래를 듣는 듯 프랑스 사람들의 낭만이 그렇다. 그렇게 여러 곡절 끝에 사랑하는 사람을 떠나지 않겠다는 고백. 참 아름다운 외곬이다.

# 핑크

아침 일찍 꽃다발을 만들어서
사랑하는 여자에게 보냈다
이름도 밝히지 않고
꽃을 꺾은 이도 말하지 않고

그러나 그날 밤 살그머니
파티장에 가서 보니
그녀는 핑크빛 꽃을 가슴에 달고
나를 알아보고 웃어주었다.

아우구스트 슈트람

사랑의 노래다. 그것도 매우 귀엽고 앙증맞은. 두 사람 모두 귀엽고 사랑스럽다. 아, 요런 녀석들 좀 봐. 웃음이 절로 나온다. 인생의 갈피에는 이런 대목도 있었나 보다. 이심전심, 사랑은 그렇게 전해지고 숨을 쉰다. 한 장의 아름다운 인생 삽화. 한 남자가 아침에 꽃다발을 만들어 익명匿名으로 한 여자에게 선물한 것. 그런데 그 여자가 꽃다발의 꽃 하나를 자기 가슴에 꽂고 파티장에 나왔다는 것. 그래서 사랑은 핑크빛으로 완결된다.

# 첫 아침

나무껍질마다 새겨두리,
조약돌마다 새겨두리,
새로 만든 화단마다 뿌리리,
미나리 씨를 뿌려 어서 내 비밀을 드러내고 싶네,
하얀 종이쪽지마다 써놓겠네,
나의 마음은 당신 것, 영원히 당신 거라고.

어린 찌르레기를 길들여,
맑고 순수하게 노래하게 하겠네,
내 목소리로 하듯 말하게 하겠네,
내 가슴에 가득 찬 뜨거운 열정을 말하게 하겠네,
그러면 찌르레기는 그녀의 창가에서 맑게 노래하겠지,
나의 마음은 당신 것, 영원히 당신 것이라오.

아침 바람에게도 그 말을 새겨주고 싶네,
잠 깨는 숲에게도 그 말을 속삭이고 싶네,
오, 별 모양의 꽃마다 그 말이 반짝였으면!
냇물아, 너는 물방아 돌리는 재주밖에 없니?

빌헬름 뮐러

---

사랑의 찬가. 사랑의 기쁨에 벅찬 사람이 부르는 사랑의 노래다. 때로 사랑은 정상적인 사람을 비정상적으로 만든다. 꿈꾸게 한다. 전혀 다른 사람으로 바꾼다. 사람이 한 시절 그런 마음이 없었다면 그는 인생을 헛되게 산 사람이다. 이 세상에 잘못 초대된 사람이다. 첫 꿈이다. 인생의 첫 페이지를 여는 어린 사랑이고 꿈이다. 당연히 가슴 벅찰 수밖에 없는 일. 사랑의 기쁨이 얼마나 벅차면 그 기쁜 마음을 나무껍질에 새기고 조약돌마다 새기고 화단에 뿌리고 하얀 종이마다 적어놓겠다 했을까.

## 슬픈 노래

- 내 사랑이여 - 하고 네가 말하면,
- 내 사랑이여 - 라고 나는 대답했네.
- 눈이 내리네 - 하고 네가 말하면,
- 눈이 내리네 - 라고 나는 대답했네.

- 아직도 - 하고 네가 말하면,
- 아직도 - 라고 나는 대답했네.
- 이렇게 - 하고 네가 말하면,
- 이렇게 - 라고 나는 대답했네.

그 뒤, 너는 말했네 - 사랑해.
나는 대답했네 - 나는 너보다 더 많이 - 라고.
- 여름도 가는군 - 네가 내게 말하자,
- 이제 가을이야 - 라고 나는 대답했네.
어느 날 마침내 너는 이렇게 말했네.
- 오, 내가 얼마나 너를 사랑하는데……
그래서 나는 대답했네.
- 다시 한번 말해봐…… 다시 한번 더……
(그것은 어느 가을날, 커다란 노을이 눈부신 저녁이었네.)

프랑시스 잠

---

프랑스의 전원시인. 우리나라의 아름다운 시인 백석과 윤동주도 마음 깊이 사랑했던 시인. 식물성이면서도 평화롭고 고요하기까지 한 인생을 살면서 또 그런 시를 썼던 시인. 인생과 시가 서로 모순되지 않기는 그리 쉬운 일이 아니다. 나 또한 사랑하지 않을 수 없었던 시인.

사랑하는 사람 '너'를 불러 대화하는 거로 시가 구성되어있다. 대부분은 같은 말의 되풀이. 그런데도 울림이 증폭되는 건 참 묘한 일이다. 사랑한다는 말, 그 말은 들어도 들어도 싫지 않은 말. 그런데 왜 '슬픈 노래'일까? 어쩌면 사랑 그것의 기쁨을 반어법으로 나타낸 건 아닐까.

## 내 사랑은

시간은 기다리는 사람에게는
너무나 느리게 옵니다
시간은 용기 없는 사람에게는
너무나 빠르게 옵니다
시간은 슬퍼하는 사람에게는
너무나 길게 옵니다
시간은 기뻐하는 사람에게는
너무나 짧게 옵니다
그러나 사랑하는 사람에게는
시간은 영원히 올 것입니다

존스 베리

시간과 사랑. 무슨 관계가 있을까? 얼핏은 무관하지만, 사랑은 어디까지나 시간 안에 깃들어 숨을 쉬는 존재다. 사랑은 시간이 데리고 오고, 시간이 데리고 가는 그 무엇이다. 말하자면 시간이 강물이라면 사랑은 나룻배라 할 것이다.

시인은 말한다. 아니 꿈꾼다. 기다리는 사람, 용기 없는 사람, 슬퍼하는 사람, 기뻐하는 사람에게는 각각 서로 다른 여러 가지 모양새로 시간이 오지만 사랑하는 사람에게는 영원히 오는 시간이라고. 정말 그랬으면 좋겠다.

# 첫사랑

아, 누가 그 아름다운 날들을 다시 가져다줄 수 있으랴,
저 첫사랑의 날.
아, 누가 그 아름다운 때를 다시 돌려줄 수 있으랴,
저 사랑스러운 때.

단, 한 조각이라도 돌려줄 수 있다면!
쓸쓸히 나는 이 상처를 보듬고 있다.
끊임없이 솟아나는 가슴속 한탄과 더불어
잃어버린 행복을 슬퍼한다.

아, 누가 그 아름다운 날들을 가져다줄 수 있으랴!
그 즐거운 때.

요한 볼프강 폰 괴테

괴테가 그런 사람이다. 세상의 축복을 있는 대로 받은 사람. 그 축복을 다시 문학작품으로 남겨 세상을 두고두고 축복해주는 사람. 괴테의 문장에서는 언제나 빛이 나온다. 그것이 독일 말을 떠나 다른 나라 말이 된 뒤에도 말이다.

첫사랑의 기쁨. 그 설렘과 한탄, 후회스러움과 아쉬움과 다시금 안타까움. 누군들 안 그랬으랴. 짐짓 모른 척하고 넘기고 또 모르고 넘어갈 따름이다. 꿈같이 흘러간 날들. 그때 나는 진실로 나였고 너는 참 어여쁜 나의 사람이었다.

## 선물

당신이 만일 바라기만 하신다면
나는 당신에게 드리려고 합니다.
아침, 나의 그 명랑한 아침과
또한 당신이 좋아하는
나의 빛나는 머리카락과
나의 푸르스름한 금빛 눈을.

당신이 만약 바라기만 하신다면
나는 당신에게 드리려고 합니다.
따사로운 햇살 비치는 곳에서
아침 해 눈뜰 때 들려오는 모든 소리와
그 근처에 있는 분수에서 들리는
흐르는 물줄기의 감미로운 소리를.

이윽고 찾아들 저녁노을과
내 쓸쓸한 마음으로 해서 얼룩진 저녁,
또한 조그만 내 손과
그리고 당신의 마음 가까이에
놓아두어야 할 나의 마음까지도.

기욤 아폴리네르

―――――

사랑은 함몰. 어딘가에 빠져서 나오지 못하는 상태. 사랑은 맹목. 무엇엔가에 홀려서 볼 것조차 제대로 보지 못하고 들을 것조차 제대로 듣지 못하는 경지. 그는 자신조차 자신의 것이 아니어서 사랑하는 사람의 식민지를 자청하는 사람.

그러한 사람이 꿈꾸는 것은 자신의 소중한 것을 사랑하는 사람에게 드리고 싶은 욕망. 주고서도 더 주지 못해 안달하는 마음이다. 선물은 사랑하는 사람들끼리 주고받는 은밀한 약속. 차라리 둘이 맞잡아 기르는 화분의 화초 같은 것.

## 선물

나는 한평생 살면서
첫사랑에는 웃음을,
둘째 사랑에게는 눈물을,
세 번째 사랑에게는 침묵을
선사했습니다.

그랬더니 첫사랑은
나에게 노래를 주었고
둘째 사랑은 내 눈을 뜨게 했고
오, 그러나 나에게 영혼을 준 것은
세 번째 사랑입니다.

사라 티즈데일

---

아, 여성 시인은 평생을 두고 세 번의 사랑을 했구나. 깔끔하고 명쾌한 성격의 소유자였던가 보다. 세 번의 사랑을 통해 세 개의 선물을 받았노라 고백한다. ① 웃음 → 노래. ② 눈물 → 개안. ③ 침묵 → 영혼. 점점 단계가 높아지고 깊어지는 사랑을 하고 또 거기에 상응하는 선물을 받았구나. 선물의 속성은 새것. 공짜로 받는 그 무엇. 내가 원하는 것. 아무리 나쁜 것이라 해도 그것을 선물이라 여기는 사람에겐 좋은 선물이 되겠다.

# 친구 보내고

친구 보내고
혼자 돌아와
사립문 닫으니
날이 저문다.

해마다 봄이 오면
풀이야 새로 푸르겠지만
한 번 떠난 그대
다시 만날지 모르겠구나.

왕유

중국 당나라 때의 시인. 시불詩佛이라 불리던 시인. 그림까지 잘 그려서 남종화南宗畵의 비조鼻祖가 된 사람. 후대인 송나라의 시인 소동파가 그의 시와 그림을 보고 '시 속에 그림이 있고 그림 속에 시가 있다'고 말했던 시인.

과연 그의 시에서는 그림이 들어 있다. 선명한 이미지다. 정든 친구와 이별하고 돌아와 쓸쓸한 자신을 '사립문 닫으니/ 날이 저문다'고 표현했다. 열 마디의 설명과 묘사를 한 마디로 줄였다. 참 좋은 시에는 참 좋은 마음이 들어 있다는 걸 직감한다.

# 거리에 비 내리듯

거리에 비 내리듯
내 가슴에 눈물이 흐르네.
가슴속에 스며드는
이 우수는 무엇일까?

땅 위에 지붕 위에
오, 부드러운 빗소리!
권태로운 가슴에는
오, 비의 노래여!

울적한 이 가슴에
까닭 없는 눈물이 흐르네.
아니, 배반도 없는데?
이 슬픔은 까닭도 없네.

까닭 모를 아픔이
가장 괴로운 것을,
사랑도 미움도 없이
내 가슴 괴로워라.

**폴 베를렌**

이 시, 우리에게 오래전부터, 매우 친숙한 시다. 이 애상, 이 까닭 없는 슬픔을 우리도 사랑했던 것이다. 아니, 바다 건너 시인의 그것이 우리에게 전염되어 오래 우리와 함께 살았던 것이다. 그렇다면 이미 우리 내부에 그 터전과 씨앗이 준비되어 있었음이다.

베를렌은 프랑스 상징주의 시의 선구자라는 평을 받는 시인. 시인은 왜 이런 애상에 빠졌고 그것을 또 사랑했을까? 인생 자체가 그래서 그랬을 것이다. '까닭 모를 아픔이/ 가장 괴로운 것을,/ 사랑도 미움도 없이/ 내 가슴 괴로워라.' 이것이 시와 인생의 요체가 아닌가 싶다.

# 구절초

누이야 가을이 오는 길목 구절초 매디매디 나부끼는 사랑아
내 고장 부소산 기슭에 지천으로 피는 사랑아
뿌리를 대려서 약으로도 먹던 기억
여학생이 부르면 마아가렛
여름 모자 차양이 숨었는 꽃
단추 구멍에 달아도 머리핀 대신 꽂아도 좋을 사랑아
여우가 우는 추분秋分, 도깨비불이 스러진 자리에 피는 사랑아
누이야 가을이 오는 길목 매디매디 눈물 비친 사랑아.

박용래

구절초는 음력으로 9월 9일, 중양절에 피는 꽃이고 마디가 아홉 개 자란 줄기 끝에 피어나는 꽃이라 해서 구절초라 한다. 가을을 상징하는 꽃. 아니 가을을 데리고 오는 꽃. 심은 사람도 없는데 산기슭에 제멋대로 자라 새하얀 소복 차림으로 예쁘게도 피어나는 꽃이다.

나 자신 이 꽃을 얼마나 좋아했는지 모른다. 여러 차례 시로도 썼는데 나는 이 꽃의 이름이 구절초인 줄 모르고 '들국화'라고 썼다. 시인이 된 뒤, 박용래 시인과 가깝게 지내면서 이 꽃이 구절초라는 걸 알았다. 바로 위의 시가 그렇게 하도록 도와준 것이다.

구절초 꽃 위에 누이에 대한 그리움이 겹쳐지고 어렸을 때의 기억이 겹쳐진다. 시인이 말하는 누이는 실지로 '홍래'란 이름을 가진 시인의 누님을 말한다. 막내로 태어난 시인을 엄마처럼 돌봐주던 누님. 시집가 애기 낳다가 세상을 떠난 슬픈 누님. 그 누님을 못 잊어 아이처럼 눈물 흘리며 울던 생전의 시인을 나는 여러 차례 본 일이 있다.

# 외할머니

시방도 기다리고 계실 것이다,
외할머니는.

손자들이
오나 오나 해서
흰옷 입고 흰 버선 신고

조마조마
고목나무 아래
오두막집에서.

손자들이 오면 주려고
물렁감도 따다 놓으시고
상수리묵도 쑤어 두시고

오나 오나 혹시나 해서
고갯마루에 올라
들길을 보며.

조마조마 혼자서
기다리고 계실 것이다,
시방도 언덕에 서서만 계실 것이다,
흰옷 입은 외할머니는.

나태주

---

생각해 보면 아득한 기억. 나의 어린 시절. 부모님을 떠나 외할머니랑 살았다. 외할머니는 38세에 혼자되신 분. 나의 나이는 그때 4세. 누가 보면 모자지간이라고 했다. 외할머니는 어린 나를 키워 주시는 낙으로 청춘 시절의 후반부를 희생하셨다. 그렇게 10여 년. 외갓집을 떠나 본가로 돌아갔는데도 외할머니가 마냥 그리웠다. 그래서 틈만 나면 외갓집에 갔다. 가끔 찾아오는 외손자를 기다려 외할머니는 살고 계시던 오두막집 뒤에 있는 언덕 위에 올라, 멀리 들길을 바라보고 계시곤 했다. 평생을 그렇게 쪽을 진 머리, 하얀 무명 치마저고리, 고무신 차림으로. 넋 없이. 마냥 그 자리.

부부

긴 상이 있다
한 아름에 잡히지 않아 같이 들어야 한다
좁은 문이 나타나면
한 사람은 등을 앞으로 하고 걸어야 한다
뒤로 걷는 사람은 앞으로 걷는 사람을 읽으며
걸음을 옮겨야 한다
잠시 허리를 펴거나 굽힐 때
서로 높이를 조절해야 한다
다 온 것 같다고
먼저 탕 하고 상을 내려놓아서도 안 된다
걸음의 속도도 맞추어야 한다
한 발
또 한 발


함민복

일화가 있다. 시인이 절친한 후배로부터 결혼식 주례를 부탁받았다고 한다. 그런데 정작 시인 자신은 노총각이었다는 것. 거절하다 못해 끝내 주례를 서긴 했고, 그 뒤에 결혼식에서 한 주례사를 바탕으로 시 한 편을 썼다고 한다. 그 시가 바로 위의 시라는 것. 아직 결혼도 하지 않은 총각이 주례를 섰다는 것도 특별하고 그런 선배에게 주례 부탁을 한 후배도 특별하다. 더욱 특별한 것은 결혼도 해보지 않은 사람이 까다롭고 복잡한 부부생활의 비밀을 잘도 알아내고 그것을 시로 쓰기까지 했다는 것이다. 놀라운 일이다. 시인의 직관과 시의 비유가 협동한 아름다운 결과라 할 것이다. 50년 가까이 함께 산 우리 부부도 가끔은 집안에서 큰 상을 마주 들고 다니는 일이 있는데 그럴 때마다 나는 함민복 시인의 이 시를 떠올린다. '한 발/ 또 한 발', '걸음의 속도'를 맞추어서 하나둘, 하나둘, 조심스럽게, 천천히, 앞으로 앞으로, 또 옆으로.

## 가재미

김천의료원 6인실 302호에 산소마스크를 쓰고 암 투병 중인 그녀가 누워 있다
바닥에 바짝 엎드린 가재미처럼 그녀가 누워 있다
나는 그녀의 옆에 나란히 한 마리 가재미로 눕는다
가재미가 가재미에게 눈길을 건네자 그녀가 울컥 눈물을 쏟아낸다
한쪽 눈이 다른 한쪽 눈으로 옮아 붙은 야윈 그녀가 운다
그녀는 죽음만을 보고 있고 나는 그녀가 살아온 파랑 같은 날들을 보고 있다
좌우를 흔들며 살던 그녀의 물속 삶을 나는 떠올린다
그녀의 오솔길이며 그 길에 돋아나던 대낮의 뻐꾸기 소리며 가늘은 국수를 삶던 저녁이며 흙담조차 없었던 그녀 누대의 가계를 떠올린다
두 다리는 서서히 멀어져 가랑이지고
폭설을 견디지 못하는 나뭇가지처럼 등뼈가 구부정해지던 그 겨울 어느 날을 생각한다
그녀의 숨소리가 느릅나무 껍질처럼 점점 거칠어진다
나는 그녀가 죽음 바깥의 세상을 이제 볼 수 없다는 것을 안다

한쪽 눈이 다른 쪽 눈으로 캄캄하게 쏠려버렸다는 것을 안다
나는 다만 좌우를 흔들며 헤엄쳐 가 그녀의 물속에 나란히 눕는다
산소호흡기로 들이마신 물을 마른 내 몸 위에 그녀가 가만히 적셔준다

문태준

유명한 시다. 아니, 젊은 시인을 일약 유명한 시인으로 만들어준 시다. 이 시로 하여 시인은 '가자미 시인'이 되었다. 바닷물 깊숙이 엎드려 사는 생선, 가자미. 눈이 한쪽으로 몰린 걸 볼 때마다 사람들은 안쓰러운 느낌을 가졌으리라.

시인이 이제 생의 마지막 고비를 견디는 누군가를 병문안 갔다. '그녀'라고 부르는 걸 보니 여성인가 보다. '김천의료원 6인실 302호에 산소마스크를 쓰고 암 투병 중인 그녀가 누워 있다'란 문장에서 그녀의 구체적인 신상이 나온다.

그가 누군들 어떠랴. 암 투병으로 산소마스크를 쓰고 투병 중이란 것이 더 소중한 정보다. 대뜸 시인은 그녀가 바다 밑에 엎드린 가자미 같다고 생각한다. 그런 생각과 함께 그녀 옆에 시인이 따라 눕는다. 그런 다음엔 시인도 가자미가 된다.

두 마리의 가자미가 눈으로 인사하고 눈으로 말을 하고 눈으로 의사소통을 한다. 두 사람의 저 말 없는 대화. 오로지 측은지심의 발로 앞에 우리도 울컥, 눈물이 솟고 그들 옆에 고요히 엎드린 가자미가 된다. 가자미란 물고기가 이렇게 인격과 가까이 오기는 처음이다. 시인의 진심이 그렇게 한 일이다.

# 밤 바느질

내일 아침 인편 있다 하기에
밤을 새워 새 솜옷 짓습니다.

바늘 잡은 손 시립고
가위 잡은 손 떨리는 밤입니다.

만들어 먼 곳 보내기야 하겠지만
언제쯤 받아보실 수나 있을는지요…….

이백

---

이태백, 이백이란 시인. 대단하다. 세상 모든 사람을 가슴으로 품어 안아주는 능력이 있다. 곡비哭婢라 했겠나, 빙의憑依라 했겠나. 여성이 아니면서 여성의 마음을 이토록 섬세하고 절실하게 쓰다니. 이게 무슨 재주란 말인가.

그래서 이태백이라고 말한다면 달리 둘러댈 말은 없다. 추운 겨울 밤 멀리 있는 지아비에게 입힐 옷을 짓고 있는 아낙의 지극한 정성이여. 추위에 시립고 떨리지만 결코 가위 잡고 바늘 잡은 손을 멈출 수 없는 사랑이여. 오늘엔들 멈추랴.

# 산에서

저 산 아래
조그만 오막살이에 살고 있던
사랑하는 사람은 무덤으로 가버렸다.
둘이 같이 앉아 있던 집 앞
그 앞에 서 있던
나무만이 남아 있고

언제든 그 집을
보지 않을 수 없다.
보아도
보아도 눈물로 잘 보이지 않는다.
나도 산 밑으로 내려가
거기서 혼자 죽고 싶다.
그를 따라서.

요제프 폰 아이헨도르프

'숲의 시인'이라 불렸다는 후기 낭만파 시인이다. 고등학교 시절, 김춘수 시인의 편집으로 된 책에서 읽었다. 그냥 좋았다. 좋다는 데 무슨 까닭이 있을까. 그 마음이 내 마음이었다. 아니, 내 마음이 먼저 거기에 가 있었다.

독일 시를 읽어보면 괴테, 아이헨도르프, 릴케, 헤세로 이어지는 그 어떤 아련한 흐름 같은 것이 있다. 자연을 보듬고 세상을 건너는 넓고 부드러운 품 같은 것 말이다. 돌아간 애인을 그리워하는 청순한 그리움이 오늘날까지도 애달프다.

# 그리움

파도야 어쩌란 말이냐
파도야 어쩌란 말이냐
님은 뭍같이 까딱 않는데
파도야 어쩌란 말이냐
날 어쩌란 말이냐

유치환

청마 유치환 시인에게는 목청이 높은 시가 있는가 하면 이렇게 섬세하고 유약한 심정을 솔직 담백하게 써 내려간 작품도 있다. 그리움은 인간의 영원한 정조. 우선은 누군가를 보고 싶어 애타는 마음. 자기에게 없는 것, 상실된 것을 회복하고 싶어 하는 마음. 간절함. 서정시의 영원한 주제다.

이 시가 발표된 것은 1935년 《시원》이란 문예지. 1931년 등단하고 1939년 첫 시집을 냈으니까 그 사이에 쓰인 작품이다. 시대상에 비추어 볼 때 이 시의 내용은 일본의 식민지 백성으로 살던 한 젊은이의 울분과 안타까움이 들었다고 할 수 있겠다.

그런데도 굳이 시인의 개인사적인 비화와 연결해 말하고 싶어 하는 건 아무래도 무리한 의도와 작업이라 할 것이다. 가령, 6·25 전쟁 당시 부산에서 피난살이 할 때의 심정을 쓴 것이라느니 어떤 여성 시인과 관련된 것이라느니 하는 소문들 말이다. 그런 스캔들이나 역사적 사실과 무관하게 그저 시로써 읽으셨으면 싶다.

## 너는 한 송이 꽃과 같이

너는 한 송이 꽃과 같이
사랑스럽고 아름답고 순수하다.
너를 바라보면, 비애가
내 마음속에 스며든다.

두 손 모아 너의 머리 위에 얹고
이렇게 기도드리고 싶다.
신이여 지켜주소서
순수하고 아름답고 사랑스럽게.

하인리히 하이네

오래전의 일이다. 독일 여행길, 프랑크푸르트 공항에서 내려 라인 강을 거쳐 로렐라이 언덕에 올랐을 때 「로렐라이 언덕」 노래의 가사를 떠올려 보았으나 끝내 생각이 나지 않아 안타까웠던 기억이 난다.
바로 그 노래 「로렐라이 언덕」의 작사가, 하이네. 독일 최대의 민요 시인. 그의 시는 열정적이다. 속내를 굳이 감추려 하지 않는다. 마치 우리나라 김소월 시인의 시를 읽는 듯. 낭만은 그렇게 국경을 넘고 세월을 넘어 멀리까지 간다.

## 결혼생활

서로 사랑하십시오. 그러나 사랑에 매이지는 마십시오.
차라리 당신들 영혼 기슭 언저리에 출렁이는 바다를
한 채씩 놓아두십시오.

서로의 잔을 채우되
어느 한쪽의 잔만을 마시지는 마십시오.
서로 자기가 가진 빵을 나누되
어느 한 편의 빵만을 먹지는 마십시오.

함께 노래하고 춤추며 즐거워하되
당신들 서로는 고독해야 할 것이요.
비록 하나의 음악을 울릴지라도 외로운 기타의 줄처럼.

서로의 가슴을 주십시오.
그러나 간직하지는 마십시오.
오로지 삶의 손길만이 당신들 가슴을 간직할 수 있답니다.

함께 서 있으시오, 그러나
너무 가까이 서 있지는 마십시오.

사원의 기둥들도 서로 떨어져 서 있는 것처럼 말이요
참나무, 사이프러스 나무도 서로의 그늘 속에서는 자랄 수
없답니다.

칼릴 지브란

---

칼릴 지브란. 일찍이 함석헌 선생의 번역으로 된 『예언자』란 책으로 만났던 시인이다. 무언가 신비한 듯한 분위기를 거느리고 있는 시인. 사랑의 지침서 같은 내용이다. 권장 사항도 있지만 금기 사항도 있다.

금기는 적극적인 권장의 반어법이기도 하다. 사랑 앞에 이런 금기의 말들이 귀에 들어오기나 할까. 그렇지만 이런 말을 자꾸만 읽고 외우다 보면 사랑의 성숙이 조금씩 가까워지지 않을까. 인간은 참 철이 늦은 생명이다.

# 술 노래

술은 입으로 들어오고
사랑은 눈으로 들어온다

사람이 죽기 전에
알아야 할 것은 오직 이것뿐

나는 지금도 술잔에 입술을 대고
너를 바라보며 눈물을 글썽이고 있다

윌리엄 버틀러 예이츠

아일랜드 출신으로 노벨문학상을 수상한 시인. 시인에게는 더 유명한 작품이 있지만 나는 단연 이 시를 선택한다. 처음 제목으로만 읽으면 술에 대한 시라는 느낌이 들지만 읽다 보면 술은 사랑으로 바뀐다. 참 오묘한 느낌.

어찌 이런 좋은 문장을 외우지 않을 수 있으랴. 외우다 보면 사랑의 마음이 전해지면서 코끝이 찡해진다. 그렇다. 술은 입으로 들어오지만 사랑은 눈으로 들어온다. 이것을 잊지 말자. 우리로 하여금 사랑은 영혼의 일이라 가르친다.

갈대는 저를 흔드는 것이 제 조용한 울음인 것을

까맣게 몰랐다.


산다는 것은 속으로 이렇게

조용히 울고 있는 것이란 것을

그는 몰랐다.

# 3

혼자 우는
밤을 위하여

# 섬

사람들 사이에 섬이 있다
그 섬에 가고 싶다.

정현종

딱 두 줄의 문장이다. 그것도 단순하고 검박한 표현의 문장이다. 이렇게 짧아도 시가 되나? 그렇게 묻지 마시라. 본래 시는 짧을수록 좋은 문학 형식이 아니겠나. 흔히 하는 말처럼 일침一鍼 이구二灸 삼약三藥이란 한방 요법에서 첫 번째 일침에 해당하는 것이 시이다. 말하자면 급박한 환자가 있을 때 급소를 쳐서 생명을 회생시키는 방법이다. 촌철살인寸鐵殺人이란 말도 이 어름의 말이다.

그러할 때 이러한 시는 마치 경구와 같이 우리들 마음을 치고 들어오면서 정신을 흔들어준다. 졸고 있을 때가 아니야. 정신 차려라. 딱 두 줄의 문장. '섬'이란 제목을 감안하면서 우선은 바닷가에서 어느 날 바라본 두 개의 섬을 떠올려도 좋겠고 두 인간 사이의 인간관계, 그 고독과 우울과 그리움을 사무치게 가슴에 안아봐도 좋을 일이다.

# 어느 무신론자의 기도 1

하나님
당신의 재단에
꽃 한 송이 바친 적이 없으니
절 기억하지 못하실 겁니다

그러나 하나님
모든 사람이 잠든 깊은 밤에는
당신의 낮은 숨소리를 듣습니다.
그리고 너무 적적할 때 아주 가끔
당신 앞에 무릎을 꿇고 기도를 드립니다

하나님
어떻게 저 많은 별들을 만드셨습니까
그리고 처음 바다에 물고기들을 놓아
헤엄치게 하셨을 때
저 은빛 날개를 만들어
새들이 일제히 날아오를 때
하나님도 손뼉을 치셨습니까

아, 정말로 하나님
빛이 있어라 하시니 거기 빛이 있더이까

사람들은 지금 시를 쓰기 위해서
발톱처럼 무딘 가슴을 찢고
코피처럼 진한 눈물을 흘리고 있나이다

모래알만 한 별이라도 좋으니
제 손으로 만들 수 있는 힘을 주소서
아닙니다 하늘의 별이 아니라
깜깜한 가슴속 밤하늘에 떠다닐
반딧불만 한 빛 한 점이면 족합니다

좀 더 가까이 가도 되겠습니까
당신의 발끝을 가린 성스러운 옷자락을
때 묻은 손으로 조금 만져 봐도 되겠습니까

아 그리고 그것으로 저 무지한 사람들의
가슴속을 풍금처럼 울리게 하는

아름다운 시 한 줄을 쓸 수 있도록
허락해 주시겠습니까

하나님

이어령

이어령이란 이름에 대해선 두 번 말할 필요도 없다. 우선은 문학평론가, 에세이스트, 소설가, 문화행정가, 잡지 편집인. 그리고 시인. 또 무슨 무슨 역할을 더 적어야 하나. 종합선물세트 같은 분이다. 이분이 시집을 냈다. 놀라운 일이다. 『어느 무신론자의 기도』. 위의 시는 시집의 표제가 된 작품. '무신론자'라 했지만 이미 무신론자가 아니다. 통상 '하느님'이라고 부르면 기독교 신자가 아닌 사람이 '하늘에 계신 분'을 부르는 말이고 '하나님'이라고 부르면 이미 기독교 신자인 사람이 하느님을 부르는 말이다. 그러므로 이 시인은 이미 기독교 신자이며 무신론자가 아니다. 과거 무신론자였다는 하나의 고백이다.

절절한 기도문이다. 반짝이는 기도문이다. 아이 같이 호기심 많은 기도문이다. 분명 하나님도 그런 기도를 들으시고는 빙그레 웃으셨을 것이다. 그래 그래 내가 안다. 오래전부터 내가 너를 알고 있었고 네가 나를 인정하고 선택하기 전부터 나는 너를 인정하고 선택했단다. 너의 영광이 나의 영광이고 너의 슬픔이 나의 슬픔이란다. 역시 고마우신 하나님이다.

# 갈대

언제부턴가 갈대는 속으로
조용히 울고 있었다.

그런 어느 밤이었을 것이다. 갈대는
그의 온몸이 흔들리고 있는 것을 알았다.

바람도 달빛도 아닌 것,
갈대는 저를 흔드는 것이 제 조용한 울음인 것을
까맣게 몰랐다.

― 산다는 것은 속으로 이렇게
조용히 울고 있는 것이란 것을
그는 몰랐다.

신경림

아마도 시인은 이 작품이 대표작이라고 말하면 속상하게 생각할 것이다. 그 뒤에 쓴 수많은 작품, 우렁찬 작품을 모두 제치고 왜 이 작은 작품이냐고 불만스러워할 수도 있겠다. 더구나 이 작품은 시인의 데뷔작이다.

그런데도 사람들은 이 작품을 좋아한다. 그건 나도 마찬가지. 자신의 삶을 돌아보는 맑은 자성自省이 좋다. 일찍부터 시인의 인생은 이렇게 그윽하게 깊어졌다. 우리도 따라서 깊어지고 싶은 것이다.

# 서시

죽는 날까지 하늘을 우러러
한 점 부끄럼이 없기를,
잎새에 이는 바람에도
나는 괴로워했다.
별을 노래하는 마음으로
모든 죽어가는 것을 사랑해야지
그리고 나한테 주어진 길을
걸어가야겠다.
오늘 밤에도 별이 바람에 스치운다.

윤동주

한국인이 가장 아끼고 사랑하는 시 가운데 한 편. 1941년 일제 강점기, 시집을 내고 싶었던 시인의 소망이 끝내 이루어지지 않자 필사로 시 18편을 적고 거기에 서문 형식으로 써넣은 문장이다. 처음엔 제목이 없었는데 민족 해방이 이루어진 훗날(1948년), 정음사란 출판사에서 유고시집을 낼 때 '서시'란 이름으로 처음 발표되었다. 누군들 안 그러랴. 이 작품 앞에서는 짐짓 숙연해진다. 지금껏 나는 어떻게 살았는가 돌아보게 되고 앞으로 어떻게 살 것인가 생각하게 된다. 반성과 각성이 함께 들어있는 시. 진정한 부끄러움을 가르쳐주는 시. 이 작품 속에는 24세 청년 윤동주의 인생관이 들어있고 그의 최후의 모습까지가 예언적으로 포함돼 있다고 볼 수 있을 것이다.

## 영혼에 관한 몇 마디

우리는 아주 가끔씩만 영혼을 소유하게 된다.
끊임없이, 영원히 그것을 가지는 자는
아무도 없다.

하루, 그리고 또 하루,
일 년, 그리고 또 일 년,
영혼이 없이도 시간은 그렇게 잘만 흘러간다.

어린 시절 이따금씩 찾아드는
공포나 환희의 순간에
영혼은 우리의 몸속에 둥지를 틀고
꽤 오랫동안 깃들곤 한다.
때때로 우리가 늙었다는
섬뜩한 자각이 들 때도 그러하다.

가구를 움직이거나
커다란 짐을 운반할 때
신발 끈을 꽉 동여매고 먼 거리를 걷거나
기타 등등 힘든 일을 할 때는

절대로 우리에게 손을 내밀지 않는다.

설문지에 답을 적거나
고기를 썰 때도
대개는 상관하지 않는다.

수천 가지 우리의 대화 속에
겨우 한 번쯤 참견할까 말까,
그것도 자주 있는 일은 아니다.
원체 과묵하고 점잖으니까.

우리의 육신이 쑤시고 아파오기 시작하면
슬그머니 근무를 교대해버린다.

어찌나 까다롭고 유별난지
우리가 군중 속에 섞여 있는 걸 탐탁지 않게 여긴다.
하찮은 이익을 위해 목숨 거는 우리들의 암투와
떠들썩한 음모는 영혼을 메스껍게 한다.

기쁨과 슬픔
영혼에게 이 둘은 결코 상반된 감정이 아니다.
둘이 온전히 결합하는 일치의 순간에만
우리 곁에 머무른다.

우리가 그 무엇에도 확신을 느끼지 못할 때나
모든 것에 흥미를 가지는 순간에만
영혼의 현존을 기대할 수 있다.

구체적인 사물 가운데
추가 달린 벽시계와 거울을 선호한다.
아무도 쳐다봐주지 않아도
묵묵히 제 임무를 수행하므로.

어디에서 왔는지
또 어디로 사라질 건지 아무 말도 않으면서
누군가가 물어봐주기를 학수고대한다.

보아하니

영혼이 우리에게 그러한 것처럼
우리 또한 영혼에게
꼭 필요한 그 무엇임에 틀림없다.

비스와바 심보르스카

---

나도 가끔은 영혼에 대해서 생각해 볼 때가 있다. 인간에게 영혼이 있는가? 분명 나는 인간에게 영혼이 있다고 본다. 육체는 죽어도 결코, 죽을 수 없는 그 무엇. 인간의 내부에만 있는 그 어떤 부분. 인간의 가장 은밀한 곳에 숨어 있을 그 무엇. 그것을 믿는다. 그러나 인간이 자기 영혼을 쉽게 만날 수는 없다. 아주 특별한 기회에 아주 짧은 시간의 만남만이 가능하다. 인간의 것이면서 인간의 것이 아닌 것. 그러한 영혼에 대한 시를 만나는 일은 하나의 놀라움이고 기쁨이다. 내가 알고 있던 것이 거기 있었고 내가 모르는 것도 거기에 있었다.

## 병病에게

어딜 가서 까맣게 소식을 끊고 지내다가도
내가 오래 시달리던 일손을 떼고 막 안도의 숨을 돌리려고
할 때면
그때 자네는 어김없이 나를 찾아오네.

자네는 언제나 우울한 방문객
어두운 음계音階를 밟으며 불길한 그림자를 이끌고 오지만
자네는 나의 오랜 친구이기에 나는 자네를
잊어버리고 있었던 그동안을 뉘우치게 되네.

자네는 나에게 휴식을 권하고 생의 외경畏敬을 가르치네
그러나 자네가 내 귀에 속삭이는 것은 마냥 허무虛無
나는 지그시 눈을 감고, 자네의
그 나직하고 무거운 음성을 듣는 것이 더없이 흐뭇하네.

내 뜨거운 이마를 짚어주는 자네의 손은 내 손보다 뜨겁네
자네 여읜 이마의 주름살은 내 이마보다도 눈물겨웁네
나는 자네에게서 젊은 날의 초췌한 내 모습을 보고
좀 더 성실하게, 성실하게 하던

그날의 메아리를 듣는 것일세.

생에의 집착과 미련은 없어도 이생은 그지없이 아름답고
지옥의 형벌이야 있다손 치더라도
죽는 것 그다지 두렵지 않노라면
자네는 몹시 화를 내었지.

자네는 나의 정다운 벗, 그리고 내가 공경하는 친구
자네가 무슨 말을 해도 나는 노하지 않네
그렇지만 자네는 좀 이상한 성밀세
언짢은 표정이나 서운한 말, 뜻이 서로 맞지 않을 때는
자네는 몇 날 몇 달을 쉬지 않고 나를 설복說服하려 들다가도
내가 가슴을 에지고 자네에게 경도傾倒하면
그때사 자네는 나를 뿌리치고 떠나가네.

잘 가게 이 친구
생각 내키거든 언제든지 찾아주게나
차를 끓여 마시며 우리 다시 인생을 얘기해 보세그려.

조지훈

조용한 경탄이 먼저 있다. 이만큼 의연한 문장이 어디 있을까! 이토록 담담하고 장쾌한 고백이 어디 또 있을까! 아, 그 아스라한 인품, 조지훈. 시인의 이름이기도 하지만 학자의 이름이기도 하고 지사의 이름이기도 하다. 하나의 면모로만 묶어놓기 어려운 이름. 생애가 길지 않았다. 겨우 48년. 그러나 그 족적은 매우 확연하고 멀다. 아주 노쇠한 이름 같다. 그분의 삶이 그렇고 풍모가 그랬다. 특히 이 작품은 더욱 놀랍다. 인생의 큰 품격이 들어있다. 와, 육신을 괴롭히는 질병을 벗으로 보고 '자네'라 부르면서 '생의 외경畏敬을 가르치'는 스승으로 대하다니!

시인이 돌아간 것은 1968년. 이 시가 발표된 것은 1968년도의 《사상계》란 잡지. 시인의 유작이라 할 것이다. 그래서 이 시는 시인의 시집에도 들지 못했다. 사후에 첫 번째로 나온 시 전집(일지사, 1973)에조차 끼지 못했다가 2차로 나온 시 전집(나남, 1996)에야 겨우 제자리를 찾았다.

그러나 이 시 한 편으로 시인의 일생이 대변되고 이 시 한 편으로서 시인의 생애가 완성되었다고, 본다. 시인은 '생전부귀生前富貴 사후문장死後文章'이란 말을 자녀들에게 들려주었다고 한다. 당신의 문학과 인생을 두고 한 말씀이다.

# 하이쿠

그네 위에서 애교 있는 인사여 저 높은 곳에서

·

그만 자구려 선잠 깬 남편의 말 밤 다듬이질

·

첫사랑이여 등불에 마주 대는 얼굴과 얼굴


탄 타이키

---

일본의 하이쿠 가운데는 사랑스런 글이 많다. 그중에서 가장 아름다우면서도 사랑스런 글은 탄 타이키란 시인의 하이쿠. 생활적이면서도 인간적이다. 일상생활 속에서 시의 소재를 끌어왔다. 그러므로 우리의 것과 별로 다르지 않다.

이것이 바로 인류 보편성. 짧은 글이지만 그 안에 하나의 세상이 들어 있다. 위에 가져온 글 가운데에도 편편마다 주인공이 다르다. 글 너머의 세상을 상상하면 미소가 절로 나온다. 시인이 본 세상을 우리가 다시금 보는 까닭이다.

## 편도나무에게

어느 날 나는
편도나무에게 부탁했네

공손한 마음으로
정성을 다해

편도나무여 나에게
천국을 보여주지 않겠니?

그러자 편도나무는
꽃을 활짝 피웠네.

니코스 카잔차키스

니코스 카잔차키스는 그리스의 탁월한 소설가. 그런데 이렇게 울림이 깊은 문장을 남기기도 했다. 처음 나는 이 문장을 김남조 선생이 편집한 잠언록에서 보았다. 그런 뒤로 외우는 몇 개 안 되는 문장으로 남았다.

입에 담고 외우다 보니 내 방식대로 문장이 윤문潤文이 되었다. 외울 때마다 내 마음속에서도 한 그루 나무가 자라 꽃을 피우는 듯 가슴이 환해지는 느낌을 받는다. 보이지 않는 그 어떤 신성神性을 느낀다. 좋은 일이다.

# 가을

잎이 진다, 하늘나라 먼 정원이 시들 듯
저기 아득한 곳으로 떨어진다
거부하는 몸짓으로 잎이 진다

그리고 밤에는 무거운 지구가
모든 별들로부터 고독 속으로 떨어진다

우리 모두가 떨어진다, 여기 이 손도 떨어진다
다른 것들을 보라 떨어짐은 어디에나 있다

하지만 이 한없는 추락을 부드럽게
두 손으로 받아주시는 어느 한 분이 있다

라이너 마리아 릴케

---

아, 나는 소년 시절 릴케의 시를 얼마나 좋아했던가. 그가 쓰는 시 작품 하나만이라도 쓰고 싶었다. 그의 모든 이야기나 생애는 나의 신화가 되었고 베일 속 비밀이 되었다. 하기야 이런 마음이 나 혼자만의 것이었으랴.

한국인이 사랑한 시인 가운데 한 사람이었던 릴케. 언뜻 들으면 여성 같은 이름, 이름 자체가 시처럼 느껴지곤 했다. 가을의 시. 한 편의 기도이다. 마음이 멀리 간다. 맑아진다. 고개가 떨구어진다. 우리도 하나씩 낙엽이다.

## 해 질 녘

아무도 없는 옆방에서
누군가 부른다, 마치 나인 것처럼

나는 서둘러 문을 연다
이쪽은 어두운데
그곳엔 밝게 햇살이 비치고 있어
지금 막 누군가 떠나간 참인 듯
그림자가 슬쩍 눈을 스친다
그러나 내가 쫓으면 이미 아무도 없고
별다를 것 없는 해 질 녘이 된다

꽃병엔 먼지가 쌓였다
창문을 여니 하늘이 밝은데 거기서도……
누군가 부른다, 나처럼.

다니카와 슌타로

해 질 녘, 하루해가 저물어 땅거미가 질 무렵은 그야말로 하늘과 땅이 만나는 시간. 교합의 시간. 매우 어지럽기도 하고 황홀하기도 한 시간. 그 시간이야말로 신비한 시각. 모든 것이 낯설고 서툴고 이상하기까지 하다.

어디선가 들리지 않던 소리가 들리는 것 같고 보이지 않는 것이 보이는 것 같다. 미세한 소리와 미세한 동작. 나 자신까지도 서툴고 낯설다. 누군가 서럽게 인사하면서 울면서 떠나는 일이 있을 것만 같은 착각. 실은 그 사람이 나 자신이다.

## 옛날을 생각함

포도가 또다시 꽃 필 때에는
포도주가 술통 속에서 흔들리고 있었다.
장미가 또다시 꽃 필 때에는
나도 모르겠다, 내가 어찌 될 것인지.

눈물은 볼에서 흘러내린다.
일을 할 때나 쉬고 있을 때나
다만 무어라 말하기 어려운 갈망이
가슴을 태우고 있음을 알 수 있을 뿐.

그리고 마지막엔 깨닫지 않을 수 없게 된다.
조용히 옛날을 생각해볼 때
이런 아름다운 날에
도리스가 나를 사랑해주었다는 것을.

요한 볼프강 폰 괴테

추억, 후일담이다. 이제는 흘러간 날들의 기억. 그 기억의 중심에 내가 사랑했던 사람이 있다. 어여쁜 사랑. 오로지 사랑스런 사람. 그때는 이름만 들어도 가슴이 뛰고 얼굴이 붉어지던 사람. 그러나 그날은 흘러갔고 그 사람의 기억도 멀어졌다.

이제 그날을 돌이켜보고 그 사람을 생각해보면 눈물이 흐른다. 사랑이 사라진 뒤에 오는 회한이다. 아쉬움이다. 안타까움이다. 어쩌면 아직도 그 사랑이 남아서 그런 것이리라. 아, 어쩌하나. 어쩌하면 좋단 말인가. 그 사람이 나를 사랑해주었던 기억만이 남아 나를 울린다. 그 사람도 지금 그러할까. 시인의 철없는 감상이 매우 사랑스럽다.

## 인생의 비극은

인생의 비극은
목표에 도달하지 못한 것이 아니라
도달할 목표가 없는 데에 있습니다.

꿈을 실현하지 못한 채
죽는 것이 불행이 아니라
꿈을 갖지 않은 것이 불행입니다.

새로운 생각을 하지 못한 것이 불행이 아니라
새로운 생각을 해보려고 하지 않을 때
이것이 불행입니다.

하늘에 있는 별에 이르지 못하는 것이
부끄러운 일이 아니라
도달해야 할 별이 없는 것이
부끄러운 일입니다.

결코 실패는 죄가 아니며
바로 목표가 없는 것이 죄악입니다.

무명 시인

그러니까 오래전, 학교 선생을 할 때 서울의 한 교육기관에 출장 갔을 때 강당의 벽에 쓰여 있던 글을 노트에 베껴서 가끔 읽던 글이다. 원래는 인도 델리 사원의 벽에 영문으로 작자 이름도 없이 쓰인 글이었다 한다. 그걸 우리말로 번역해서 데리고 온 건데 내가 또 데리고 다닌 셈이다.

무명 씨의 글이라는데 상당한 교훈이 들어있다. 시의 문장으로서도 아름답다. 인생이 무엇인지, 희망이 무엇이고 꿈이 무엇인지 가르쳐준다. 학교의 선생만이 선생이 아니다. 이런 글은 더욱 소중한 인생의 선생이다. '결코 실패는 죄가 아니며/ 바로 목표가 없는 것이 죄악'이라는 대목은 우리에게 그대로 깨달음이다.

## 해 질 무렵

둘은 구석진 밝은 방에 앉아 있었다.
저녁 해는 커튼 사이로 비쳐들고 있었다.
부지런한 네 손도 그때는 편안히 쉬고 있었고
네 이마는 붉은 햇빛에 물들고 있었다.

둘은 말없이 앉아 있었다. 이 즐거운 때에
무슨 말을 해야 하는지를 나는 알지 못했다.
옆방에서는 노인들이 이야기하고 있었고
너는 이상스런 눈빛으로 나를 바라보고 있었다.

아우구스트 슈트람

매우 사랑스런 시다. 조그맣지만 매우 아름다운 인생들이다. 해 질 녘. 그 시간은 인간이 가장 솔직해지고 가장 진지해지는 시각. 하늘과 땅이 교합하면서 하나가 되는 시각. 그런 시각에 둘이서 조그만, 구석진 방에 앉아 있었다니.

이미 운명적으로 가까워진 사람들이다. 피할 수 없다. 마음으로 하나가 될 수밖에는. 어디선가 은은하게 노랫소리라도 들리는 듯하다. 마지막 꿀 따기를 서두르는 일벌들인가. 아니다. 그것은 옆방 노인들의 이야기 소리. 그런 때는 노인들의 쉰 목소리도 축음祝音이리라.

## 캄캄한 깊은 잠이

캄캄한 깊은 잠이
내 삶 위에 떨어지네.

잠자거라, 모든 희망아.
잠자거라, 모든 욕망아!

이젠 아무것도 보이지 않는다.
선과 악의

기억마저 사라진다……
오, 내 슬픈 이력아!

나는 어느
지하실 허공 속에서 어느 손에

흔들리는 요람.
침묵, 침묵!

폴 베를렌




---

정말로 랭보와 베를렌은 우정 이상의 사랑을 나누는 사람들이었을까. 열 살이나 차이가 나는 두 사람 사이에 그런 일이 있었는지 없었는지는 〈토탈 이클립스〉 같은 영화에서나 화제가 되었음 직한 이야기다. 문제는 이 시가 랭보를 권총으로 쏜 사건의 초심 판결 언도를 받은 날에 썼다는 것이다.

분위기가 매우 어둡다. 암울하고 절망적이기까지 하다. 깊은 잠의 나락에 떨어지면서 고통스러워하는 사람의 신음이 그대로 들어 있다. 아무것도 숨기려 하지 않는다. 그냥 벌거벗은 마음이다.

읽는 이에게도 고통이 전해진다.

# 숲에게

읽는 사람의 눈은
꿈틀거리는 문자의 숲을 헤집고 들어간다.
읽는 사람의 귀는
페이지마다 가만히 내리는 빗소리를 듣는다.
읽는 사람의 입은
반쯤 벌어진 채 말을 잃고
읽는 사람의 손은
어느새 주인공의 팔을 잡고 있다.
읽는 사람의 발은
돌아가려다 이야기의 미로에 길을 잃고
읽는 사람의 마음은
어느덧 보이지 않는 지평선을 넘는다.

다니카와 슌타로

제목은 '숲에게'이지만 기실은 '책에게'다. 시를 읽어보면 이내 알 수 있는 일. 하기는 책이 숲의 나무에서 왔으니 그렇게 말해도 좋을 듯하다. 이러한 문장이나 생각은 우리에게 좋은 상상력을 제공한다. 아름다운 세상으로의 초대다.

책을 읽는 사람의 눈과 귀와 입과 손은 책을 읽는 동안 책한테 붙잡히게 되고 책 그 자체가 되고, 그리하여 끝내 책의 '주인공의 팔을 잡'게 된다. 참 아름다운 호흡이고 동행이다. 독서의 기쁨, 이러한 동행이 허락되는 한 우리는 때때로 행복해도 좋을 것이다.

# 취하라

항상 취해 있어야 한다.
모든 게 거기에 있다.
그것이 유일한 문제다.

당신의 어깨를 무너지게 하여
당신을 땅 쪽으로 꼬부라지게 하는
가증스러운 시간의 무게를
느끼지 않기 위해서
당신은 쉴 새 없이 취해 있어야 한다.

그러나 무엇에 취한다?
술이든, 시든, 덕이든
그 어느 것이든 당신 마음대로다
그러나 어쨌든 취하라.

그리고 때때로 궁궐의 계단 위에서
도랑가의 초록색 풀 위에서
혹은 당신 방에서 음울한
고독 한가운데에

당신이 깨어나게 되고
취기가 감소하거나 사라져버리거든
물어보아라
바람이든 물결이든
별이든, 새든, 시계든
지나가는 모든 것
슬퍼하는 모든 것
달려가는 모든 것
노래하는 모든 것
말하는 모든 것에게 지금 몇 시인가를

그러면 바람도 물결도
별도 새도 시계도
당신에게 대답할 것이다.

이제
취할 시간이다.


샤를 피에르 보들레르

보들레르. 대단한 시인이다. 당대 프랑스 사람들을 흔들고 다른 나라 사람들을 흔들고 오늘까지도 사람들의 마음을 흔든다. 시를 정신적 착란의 한 증표로 보았던 사람. 의식과 무의식 사이에서 태어나는 이상한 아이처럼 보았던 사람. 시인을 또한 '정서적 기억량이 아주 많은 사람'으로 보았던 사람.

이 시 또한 놀랍다. 인생을 취한 상태로 보는 것. 취한 인생을 권하는 것. 이것은 보통의 일이 아니다. 실상 성공적인 인생을 사는 사람들은 무엇엔가 취하여 산 사람들이다. 가장 정밀精密한 인생이란 취한 상태로 살았던 인생을 말한다. 시인은 우리에게 권한다. 취하라. 지금이 취할 때이다. 무엇에게든 네가 좋은 것에 취하라.

# 수선화

어느 날 나, 산골짜기 사이
두둥실 흰 구름처럼 쓸쓸히 헤맬 때
눈에 들어온 한 무더기 황금빛 수선화
호숫가 나무 수풀 아래
산들바람에 간들간들 고개 흔드는

하늘 은하수 별들처럼 반짝이는 꽃들은
호숫가 가장자리에 끝없이
줄을 지어 피어 있었네
한눈에 보아도 헤일 수 없이 많아
머리를 까닥이며 기쁜 춤을 추었네

그들 앞에 물결들도 춤을 추었지만
꽃들의 춤은 한층 더 흥에 겨웠네
시인이면 누구인들 안 즐거우리!
다만 나는 이것이 얼마나 소중한 줄 모르고
바라보고 또 바라보기만 했네

집에 돌아와 종종 자리에 누워서

멍하니 또는 시름에 잠겼을 때
그들은 내 마음속 깊이 들어와 반짝이네
이것이야말로 고달픈 삶에 내리는 축복
그때마다 내 가슴은 기쁨으로 가득 차고
수선화들과 함께 춤을 추네

윌리엄 워즈워스

워즈워스가 영국 사람들뿐만 아니라 세계인이 사랑하는 시인이란 걸 모르는 사람은 없다. 이 사람은 오랫동안 전원생활을 했음이 분명하다. 아름다운 자연에 둘러싸여 자연적인 경험이 풍부한 사람이다.

수선화. 나르시시즘의 화신. 자기 자신의 미모에 홀려 종일 물에 비친 자기 자신의 모습만 들여다보고 있는 꽃. 과연 그렇다. 약간 고개를 숙인 꽃송이가 그렇고 모로 몸을 돌린 그 고혹적인 자태가 그렇다. 시인인들 어찌 홀리지 않았으랴.

# 밤

아가야, 이제는 잠을 자거라
이제는 석양이 타오르지 않는다
이제는 이슬밖에 더 반짝이는 것이 없구나
나의 얼굴보다 더 하얀 그 이슬이

아가야, 이제는 잠을 자거라
이제는 길도 말이 없단다
이젠 개울밖에 더 웅얼거리지 않는구나
나만 홀로 남아 있단다

평원은 안개로 잠겨 있는데
벌써 파란 한숨은 움츠러들었구나
이제 세상을 쓰다듬는 건
부드러운 평온의 손길이란다

아기는 자장가 소리에 맞추어
잠이 들었다
대지도 요람의 미동에
잠이 들었다

가브리엘라 미스트랄

―――――

엄마와 아기. 그리고 밤. 더할 수 없이 잘 어울리는 조합이다. 평화 그 자체, 고요 그 자체. 더하여 성스럽기까지 한. 고달프고 까탈맞은 인생살이에 이런 아름다운 풍경마저 허락되지 않는다면 우리는 대체 무엇을 믿고 바라고 살 것인가.

이미 나이 들어 어른이고 늙은이기도 한 우리들이긴 하지만 한 시절엔 우리 자신도 그런 엄마의 무릎 아래 자장가를 들으며 잠이 들던 아기이기도 했다는 사실. 이러한 사실은 우리의 마음을 한없이 평화롭고 부드럽게 한다. 우리 자신을 어린이이게 한다.

# 가을날

주여, 때가 왔습니다. 여름은 참으로 위대했습니다.
당신의 그림자를 해시계 위에 놓으시고
들판에 바람을 풀어 놓으십시오.

마지막 과일들을 익게 하시고
하루 이틀만 더 남국의 햇빛을 허락하시어
그들을 완성해주시고, 마지막 단맛이
짙은 포도주 속에 스며들게 하소서.

지금 집이 없는 사람은 이제 집을 짓지 않습니다.
지금 고독한 사람은 오래 고독하게 살아갈 것이며
잠자지 않고, 읽고, 그리고 긴 편지를 쓸 것입니다.
바람에 나뭇잎이 날릴 때, 불안스러이
이리저리 가로수 길을 헤맬 것입니다.

라이너 마리아 릴케

릴케의 시. 첫 문장에 그만 압도되고 마는 시. 아, 이 문장. 이 문장의 감격. '주여, 때가 왔습니다. 여름은 참으로 위대했습니다.' 드디어 여름이 물러가고 가을이 왔음을 해마다 알려주는 누군가의 음성이 거기에 들어있다.

우리가 살면서 이런 문장을 만난다는 건 그것 자체가 행운이요 감사다. 잊지 말아라. 이런 시를 처음 만났을 때의 그 감격을 잊지 말아라. 내가 나에게 타이르곤 한다. 내 시의 모든 모범이 이 시 안에 들어있음을 나는 부정하기 어렵다.

## 저녁별

저녁별은
찬란한 아침이
여기저기에다
흩어놓은 것들을
모두 제자리로
돌려보낸다
양을 돌려보내고
염소를 돌려보내고
아이들을 그 어머니의 품에
돌려보낸다

사포오

---

그리스 여성 시인의 시. 놀라운 일이다. 기원전에 살았던 한 여성 시인의 시 작품이 오늘날까지도 전해지다니. 여러 차례 말했지만 이야말로 문자의 힘이다. 문자만이 가진 전승 기능에 의한 인간 승리 그것이다.

일견 아담한 시. 그렇지만 그 안에 담는 세상은 광대무변하다. 지상의 모든 것을 담고자 했다. 인간의 일, 땅과 하늘의 일들이 골고루 들어있으며 그 중심축은 '저녁별'이다. 저녁별이 지상의 모든 것을 통제하고 지배한다. 이 또한 평화다.

## 나의 방랑 생활

난 쏘다녔지, 터진 주머니에 손 집어넣고
짤막한 외투는 관념적이게 되었지,
나는 하늘 아래 나아갔고, 시의 여신이여! 그대의 충복이었네,
오, 랄라! 난 얼마나 많은 사랑을 꿈꾸었는가!

내 단벌 바지에는 커다란 구멍이 났었지
― 꿈꾸는 몽상가인지라, 운행 중에 각운들을
하나씩 떨어뜨렸지. 내 주막은 큰곰자리에 있었고.
― 하늘에선 내 별들이 부드럽게 살랑거렸지.

하여 나는 길가에 앉아 별들의 살랑거림에 귀 기울였지,
그 멋진 구월 저녁나절에, 이슬방울을
원기 돋구는 술처럼 이마에 느끼면서,

환상적인 그림자들 사이에서 운을 맞추고,
한 발을 가슴 가까이 올린 채,
터진 구두의 끈을 리라 타듯 잡아당기면서!

장 니콜라 아르튀르 랭보

천재 시인의 대명사. 15세에 이미 훌륭한 시인이었고 20세에 시작 생활을 작파하고 전혀 다른 인생을 살았던 시인. 시인 이후 떠돌이였다는 건 어느 정도 이해가 가지만 아프리카에서 커피와 무기를 파는 사업을 했다는 건 충격적이다.

위의 시. 매우 유려하고 거침없는 시인의 마음이 그대로 전해진다. 건들건들 오로지 자유분방 그 하나인 한 젊은이가 눈앞에 보인다. 인간 랭보는 이미 오래전에 죽었지만 시인 랭보는 아직 죽지 않음이다.

## 쉽게 쓰여진 시

창밖에 밤비가 속살거려
육첩방六疊房은 남의 나라,

시인이란 슬픈 천명天命인 줄 알면서도
한 줄 시를 적어볼까,

땀내와 사랑내 포근히 품긴
보내주신 학비 봉투를 받아,

대학 노-트를 끼고
늙은 교수의 강의를 들으러 간다.

생각해 보면 어린 때 동무들
하나, 둘, 죄다 잃어버리고,

나는 무얼 바라
나는 다만, 홀로 침전沈澱하는 것일까?

인생은 살기 어렵다는데

시가 이렇게 쉽게 씌어지는 것은
부끄러운 일이다.

육첩방은 남의 나라
창밖에 밤비가 속살거리는데,

등불을 밝혀 어둠을 조금 내몰고
시대처럼 올 아침을 기다리는 최후의 나,

나는 나에게 작은 손을 내밀어
눈물과 위안으로 잡는 최초의 악수.

윤동주

필사 시집 『하늘과 바람과 별과 시』를 세 권 묶어 연희전문학교 스승인 이양하 교수와 학교 후배인 정병욱과 자신이 각각 나누어 갖고 일본 유학을 떠나 교토에 있는 도지샤同志社 대학에서 공부할 때 쓴 작품이다. 한국에 남아 있던 강처중이란 연희전문 동기에게 편지와 함께 보낸 작품이라는데 편지는 사라지고 작품만 남게 되어 안타까운 심정이 없지 않다.

시의 도입부터가 심상치 않다. 내선일체內鮮一體가 공식화되었던 그 시절 시인은 일본 땅을 '남의 나라'라고 당당하게 말하고 있다. 여간한 용기가 아니면 가능한 일이 아니다. '육첩방'이란 말도 그렇다. 육첩방이란 일본식 가옥 구조인 다다미방을 한자 발음으로 표현한 말이다. 굳이 그렇게까지 한자식 발음으로 쓴 건 왜일까? 그만큼 시인의 마음속에 민족정신이 강고하게 자리하고 있었음을 말해주는 한 증거다.

특히 나는 시의 중간 부분 '인생은 살기 어렵다는데/ 시가 이렇게 쉽게 씌어지는 것은/ 부끄러운 일이다', 이 대목에서 머리가 다시 한번 숙여지고 나 자신 부끄러움을 느끼면서 시인의 결기에 절하게 된다.

# 흰 구름

오, 보아라. 잊어버린, 아름다운 노래의
나직한 멜로디처럼
구름은 다시
푸른 하늘 멀리로 떠서 간다.

긴 여로에서 방랑의
기쁨과 슬픔을 모두
스스로 체험하지 못한 사람은
구름을 제대로 이해할 수 없으리라.

해나 바다나 바람과 같은
하이얀 것, 정처 없는 것들을 나는 사랑한다.
고향이 없는 사람에게는, 그것이
누이들이며 천사이기 때문에.

헤르만 헤세

흰 구름. 맑은 하늘에 뜬 하얀 구름. 나 자신 젊은 시절에 흰 구름을 얼마나 좋아했던가. 흰 구름은 나의 누이였으며 연인이었으며 나의 어머니. 여성적인 것의 총체. 흰 구름을 보면 가슴이 부풀었고 지금은 여기에 없는 먼 사람이 그리웠다.

그러나 그는 잊힌 사람. 가물가물 입술에 이름조차 지워진 사람. 그리움의 정체란 무엇인가. 흰 구름을 바라보면서 나의 청춘이 저물었다. 이제 늙은 사람이 되어서 바라보는 흰 구름. 여전히 가슴이 부풀고 띈다. 거기에 헤세가 함께 있다.

## 맑은 밤의 시

달은 휘영청
하늘 복판에 가 있고

한 줄기 바람 불어와
물 위에 이는 잔물결

이토록 사소하지만
맑은 것들의 의미여!

헤아려 아는 이
별로 없음이 섭섭하다네.

소강절

우리네 인생에서 무엇이 정말로 소중한 것인가? 주변에 있는 사소한 것, 오래된 것, 반복되는 것들 가운데 진정으로 가치 있는 것에 대해 말해주고 있다. 시인은 달 밝은 밤, 어디선가 한 줄기 바람이 불어와 연못의 물 위에 잔물결 지는 것을 바라보면서 이렇게 아름답고 소중한 것을 자기 주변에 아는 사람이 별로 없음을 안타까워하고 있다.

정약용 같은 분도 인간에게는 열복熱福이 있고 청복淸福이 있다고 말했다. 열복은 글자 뜻 그대로 뜨거운 복, 세상 사람들이 모두 바라는 부귀와 영화이다. 그리고 청복은 일상의 작은 것들 속에서 만족과 기쁨을 찾아내는 것을 말한다. 무라카미 하루키가 말한 소확행, '소소하지만 확실한 행복'도 여기에 준하는 것이다. 열복도 좋지만 나에게 무엇이 청복인가 살피면서 사는 것이 진정한 삶의 지혜가 아닐까.

## 낙화

꽃이 지기로서니
바람을 탓하랴.

주렴 밖에 성긴 별이
하나둘 스러지고,

귀촉도 울음 뒤에
머언 산이 다가서다.

촛불을 꺼야 하리
꽃이 지는데,

꽃 지는 그림자
뜰에 어리어,

하얀 미닫이가
우련 붉어라.

묻혀서 사는 이의

고운 마음을,

아는 이 있을까
저어하노니,

꽃이 지는 아침은
울고 싶어라.

조지훈

―――――

한국의 시작품 가운데에는 유명한 '낙화' 시 두 편이 있다. 한 편은 조지훈 시인의 「낙화」요, 한 편은 이형기 시인의 「낙화」다. 두 편 모두 참 아름다운 정조를 다루고 있으면서도 서로 다른 면을 지니고 있다. 화이부동和而不同이라 그럴까. 여기서는 조지훈 시인의 낙화. 시대가 좀 빠르다. 일제 침략기, 힘든 시기. 그것도 일본이 제2차 대전을 벌여 세상이 끝장으로 치달을 때. 시인은 이것저것 세상일 보기 싫어 아예 강원도 월정사란 절로 스며들어 그곳 불교 강원의 강사로 일하고 있을 때의 작품이다.

세상을 등진 사람의 한스러움과 안타까움, 그러면서도 지워지지 않는 그리움 같은 것들이 맑고 깨끗한 언어에 실려 잘 나타나 있다. 마치 바람에 가볍게 날리는 산제비꽃 보랏빛 이파리처럼 애처롭다. 읽으면 단박에 그 느낌이 온다.

젊은 시절 나는 이 작품을 입에 달고 살았다. 나 또한 힘든 인생 모래알 씹는 것 같은 날들. 이런 시라도 읊조리다 보면 마음에 물기가 다시 생기곤 했으니까 이런 시는 얼마나 다행스러운 위로였을까 보냐.

특히 이런 구절이 좋았다. '꽃이 지는 아침은/ 울고 싶어라.' 이런 구절을 나는 '꽃이 피는 아침은/ 울고 싶어라'라고 고쳐 읽으면서 혼자서 울컥하여 치솟는 눈물을 삼키곤 했다. 위의 시에는 예스러운 표현의 단어가 몇 개 나온다.

- 성긴 별: 별과 별 사이가 조밀하지 않고 간격이 넓다.
- 우련 붉어라: 엷게 붉어라, 우련하다: 형용사, 형태가 약간 나타나 보일 정도로 희미하다. 빛깔이 엷고 희미하다.
- 저어하노니: 걱정하노니

## 남신의주 유동 박시봉방 南新義州 柳洞 朴時逢方

어느 사이에 나는 아내도 없고, 또,
아내와 같이 살던 집도 없어지고,
그리고 살뜰한 부모며 동생들과도 멀리 떨어져서,
그 어느 바람 세인 쓸쓸한 거리 끝에 헤매이었다.
바로 날도 저물어서,
바람은 더욱 세게 불고, 추위는 점점 더해오는데,
나는 어느 목수木手네 집 헌 샷˚을 깐,
한 방에 들어서 쥔을 붙이었다
이리하여 나는 이 습내 나는 춥고, 누긋한 방에서,
낮이나 밤이나 나는 나 혼자도 너무 많은 것같이 생각하며,
딜옹배기˚에 북덕불˚이라도 담겨 오면,
이것을 안고 손을 쬐며 재 위에 뜻 없이 글자를 쓰기도 하며,
또 문 밖에 나가지두 않구 자리에 누워서,
머리에 손깍지 벼개를 하고 굴기도 하면서,
나는 내 슬픔이며 어리석음이며를 소처럼 연하여 새김질 하는 것이었다
내 가슴이 꽉 메어 올 적이며,
내 눈에 뜨거운 것이 핑 괴일 적이며,
또 내 스스로 화끈 낯이 붉도록 부끄러울 적이며,

나는 내 슬픔과 어리석음에 눌리어 죽을 수밖에 없는 것을 느끼는 것이었다

그러나 잠시 뒤에 나는 고개를 들어,

허연 문창을 바라보든가 또 눈을 떠서 높은 턴정˚을 쳐다보는 것인데,

이때 나는 내 뜻이며 힘으로, 나를 이끌어 가는 것이 힘든 일인 것을 생각하고,

이것들보다 더 크고, 높은 것이 있어서, 나를 마음대로 굴려 가는 것을 생각하는 것인데,

이렇게 하여 여러 날이 지나는 동안에,

내 어지러운 마음에는 슬픔이며, 한탄이며, 가라앉을 것은 차츰 앙금이 되어 가라앉고,

외로운 생각만이 드는 때쯤 해서는,

더러 나줏손˚에 쌀랑쌀랑 싸락눈이 와서 문창을 치기도 하는 때도 있는데,

나는 이런 저녁에는 화로를 더욱 다가 끼며, 무릎을 꿇어 보며,

어느 먼 산 뒷옆에 바위섶˚에 따로 외로이 서서,

어두워오는데 하이야니 눈을 맞을, 그 마른 잎새에는,

쌀랑쌀랑 소리도 나며 눈을 맞을,
그 드물다는 굳고 정한 갈매나무라는 나무를 생각하는 것
이었다.

백석

---

1948년 10월 《학풍學風》 창간호에 발표한 시란다. 그런데 내가 이 시를 처음 만난 것은 1962년 유종호 교수의 첫 평론집 『비순수의 선언』(신구문화사, 1962)을 통해서였다. 1962년이면 내가 고등학교 3학년에 재학 중이던 때다. 무작정 문학 서적, 새로 나온 책이면 사서 읽던 시절이다.

그 책들 사이에 이 시의 전문이 나와 있었다. 그런데 시인의 이름이 나와 있지 않았다. 책을 읽으면서 그것이 의문이었고 또 시의 내용이 도통 요령부득要領不得이었다. 뭐 이런 시가 다 있단 말인가! 기본적인 단어조차 해득이 안 되었다.

우선 '남신의주 유동 박시봉방'이란 제목부터가 그랬다. 그것이 '떠돌이로 살면서 잠시 들어있는 집(하숙집이나 여관) 주소'라는 의미였다는 사실을 알게 된 것은 많은 세월이 흐른 뒤였다. 그러므로

이 글은 서간문 형식의 글인데 글 속에 나오는 여러 개의 투박한 북녘 사투리, 이를테면 '샃', '딜옹배기', '북덕불', '나줏손', '바위섶'의 뜻을 알기까지는 더욱 긴 세월이 필요했다.

그나저나 이 시는 한국시가 지녀야 할 가장 높은 품격을 지닌 시다. 이 시를 백석이란 시인 이름과 함께 더불어 감상할 수 있는 것은 오늘날 우리가 누릴 수 있는 큰 축복이 분명하다. 갈매나무라 했다. '드물다는 굳고 정한 갈매나무', 높고 깊은 산속에만 산다는 그 아름다운 갈매나무가 되는 순간이다.

이 시를 마음 놓고 읽으려면 몇 군데 단어에 대한 풀이가 필요하다.

- 南新義州 柳洞 朴時逢方: 화자가 하숙을 붙여 사는 집. 편지에 적은 발신인 주소.
- 샃: 갈대를 여러 가닥으로 줄지어 매거나 묶어서 만든 자리.
- 딜옹배기: 질옹배기. 아가리가 넓게 벌어진 둥글넓적한 질그릇.
- 북덕불: 짚이나 풀 따위가 함부로 뒤섞여서 엉클어진 뭉텅이에 피운 불.
- 턴정: 천장. 지붕의 안쪽.
- 나줏손: 저녁 무렵.
- 바위섶: 바위 옆.

신선한 공기

빛나는 태양

맑은 물, 그리고

친구들의 사랑

이것만 있다면 낙심하지 마라.

**4**

희망에는
날개가 있다

## 나 하나 꽃 피어

나 하나 꽃 피어
풀밭이 달라지겠느냐고
말하지 말아라.
네가 꽃 피고 나도 꽃 피면
결국 풀밭이 온통
꽃밭이 되는 것 아니겠느냐.
나 하나 물들어
산이 달라지겠느냐고도
말하지 말아라.
내가 물들고 너도 물들면
결국 온 산이 활활
타오르는 것 아니겠느냐.

조동화

조용한 타이름, 어진 권고다. 너 한 사람이 결코 작은 존재가 아니라고 가르치고 있다. 네가 꽃 한 송이를 피우면 세상 전체를 밝히게 되는 것이라고 말하고 있다. 하나의 응원이고 사심 없는 위로와 축복이 함께 한다. 젊은 날에 이런 시를 읽고 아예 외워둔다면 좋겠다. 힘든 일이 생길 때마다 이런 시의 문장이 저절로 생각나서 그 사람에게 보이지 않는 힘을 보태줄 것을 믿는 까닭이다.

# 풀

풀이 눕는다.
비를 몰아오는 동풍에 나부껴
풀은 눕고
드디어 울었다.
날이 흐려져 더 울다가
다시 누웠다.
풀이 눕는다.
바람보다도 더 빨리 눕는다.
바람보다도 더 빨리 울고
바람보다도 먼저 일어난다.
날이 흐리고 풀이 눕는다.
발목까지
발밑까지 눕는다.
바람보다 늦게 누워도
바람보다 먼저 일어나고
바람보다 늦게 울어도
바람보다 먼저 웃는다.
날이 흐리고 풀뿌리가 눕는다.

김수영

「풀」은 김수영 시인의 얼굴과도 같은 작품이다. 그런데 이 작품이 시인의 유고작이라니 짐짓 놀랍다. 역시 시인은 마지막 작품이 중요한가 한다. 「풀」이란 작품은 구성이나 언어는 쉽지만 그 안에 들어있는 알맹이는 쉽게 파악되지 않는다. 더러는 공자의 '논어'의 한 구절을 들이대기도 하고 더러는 분석적인 방법을 들이대겠지만 나는 그런 걸 모른다. 다만 가슴으로 느낄 뿐이다.

느낌이 오기는 온다. 가장 큰 느낌은 '눕는다'와 '운다'에서 오고 상대적으로 작용하는 느낌은 '일어난다'와 '웃는다'에서 온다. 그래서 어쨌다는 건가? 이 시를 읽고 나면 무언가 시원한 감흥이 있다. 바로 이것이다. 그 승리감 같은 거. 잠시 어둠의 터널을 지났다는 느낌과 함께 오는 밝음. 해방감. 실상 시 감상은 그 정도가 가장 정직한 것이 아닐까 한다.

# 상승

연못 위로, 계곡 위로,
산과 숲, 구름과 바다를 넘어
태양 지나, 창공 지나,
별이 총총한 천구天球 끝 너머로,

내 영혼아, 넌 민첩하게 움직여
물속에서 도취한 능숙한 수영 선수처럼
오묘한 무한을 즐거웁게 누비누나
표현할 수 없는 힘찬 쾌락에 취하여

이 역한 독기를 떠나 멀리 날아가
드높은 대기 속에 네 몸을 깨끗이 씻어라.
또한 순수하고 신성한 술처럼
맑은 공간에 가득한
밝은 불을 마셔라.

안개 자욱한 인생을
무겁게 짓누르는
권태와 끝없는 비애를 뒤로 돌리고

힘찬 날개로 햇살 가득한 평온한 들판을 향해
날아갈 수 있는 자는 행복하여라.

상념들이, 종달새처럼 하늘을 향해
아침마다 자유로이 날아오르고
삶 위를 날면서
꽃들과 말 없는 사물의 언어를
쉬이 알아듣는 자여!

샤를 피에르 보들레르

인생이란, 삶이란, 모든 살아 있는 것들은 두 가지로 나눠진다. 상승과 하강. 하나는 위로 올라가면서 좋아지는 것이고 하나는 아래로 내려가면서 나빠지는 것. 모름지기 우리는 상승을 따르고 상승을 원한다. 상승만이 살길이다. 늘 그것이 그렇지 않은 데에 문제가 있지만 말이다.

좋은 노래도 하나의 상승이다. 합창이거나 이중창일 때는 더욱 그렇다. 좋은 그림도 상승이다. 두 사람의 사랑은 더욱 그러하다. 상승은 인간의 품격을 높여주고 인간의 정서를 고양시킨다. 상승만이 살길. 보들레르의 상승은 우리를 높고도 좋은 세계로 이끈다. 귀를 막을 일이 아니다. 얼른 꽃의 말을 알아차리고 흰 구름의 눈짓을 느낄 일이다.

# 제주바다 1

누이야, 원래 싸움터였다.
바다가 어둠을 여는 줄로 너는 알았지?
바다가 빛을 켜는 줄로 알고 있었지?
아니다, 처음 어둠이 바다를 열었다. 빛이
바다를 열었지, 싸움이었다.
어둠이 자그만 빛들을 몰아내면 저 하늘 끝에서 빛들이 휘
몰아와 어둠을 밀어내는
괴로워 울었다. 바다는
괴로움을 삭이면서 끝남이 없는 싸움을 울부짖어 왔다.

누이야, 어머니가 한 방울 눈물 속에 바다를 키우는 뜻을
아느냐. 바늘귀에 실을 꿰시는
한반도韓半島의 슬픔을. 바늘구멍으로
내다보면 땀 냄새로 열리는 세상.
어머니 눈동자를 찬찬히 올려다보라.
그곳에도 바다가 있어 바다를 키우는 뜻이 있어
어둠과 빛이 있어 바다 속
그 뜻의 언저리에 다가갔을 때 밀려갔다
밀려오는 일상의 모습이며 어머니가 짜고 있는 하늘을.

제주 사람이 아니고는 진짜 제주바다를 알 수 없다.
누이야, 바람 부는 날 바다로 나가서 5월 보리 이랑
일렁이는 바다를 보라. 텀벙텀벙
너와 나의 알몸뚱이 유년이 헤엄치는
바다를 보라, 겨울날
초가지붕을 넘어 하늬바람 속 까옥까옥
까마귀 등을 타고 제주의
겨울을 빚는 파도 소리를 보라.
파도 소리가 열어놓는 하늘 밖의 하늘을 보라, 누이야.

문충성

제주도에 갈 때마다 특별한 감회가 있다. 어쩌면 제주도는 한국이 아니라 또 다른 조그만 독립된 나라, 외국이 아닐까 싶은 착각. 자연이 그렇고 인간의 삶이 그러했다. 갈 때는 설레는 마음이고 올 때는 애달픈 마음이 없지 않았다. 짠한 마음이 자꾸만 뒤를 돌아보게 한다.

무언가를 두고 간다는 마음. 말을 두고 가고 느낌을 두고 가는 마음. 바닷물이 더욱 유정하고 아열대 식물이며 시커먼 돌담길, 골목길이 자꾸만 눈에 밟힌다. 제주도 사람들은 자기들의 돌담을 '흑룡'이라 부르고 골목길을 '올레'라고 부른다지.

그 제주도에서 한번인가는 문충성 시인을 만난 일이 있다. 깊은 밤. 협죽도 꽃이 진한 분홍빛으로 피어서 사람을 들여다보는 찻집의 유리창 가에서. 제주도 토박이 시인은 제주도에 사는 것이 외롭다고 했다. 나는 육지에 사는 것도 외롭다고 했다.

제주도 사람이 인식하는 제주도의 속내는 훨씬 심각하다. 누이를 불러 어머니에게 전하는 제주도 소식은 육지 사람이 보고 느끼는 것보다 안으로 많이 균열이 가있다. 제주도가 어쩌느니. 제주 바다가 어쩌느니 육지 사람이 섣불리 말할 일이 아니다. 제주도의 일은 제주도 사람에게 맡겨야 할 일이 아닌가 한다.

## 때는 봄

때는 봄
봄날은 아침
아침은 일곱 시
언덕에는 진주 이슬
종달새 높이 날고
가시나무 울타리에 달팽이 오르고
하느님은 하늘에 계시니
세상은 두루 평화롭구나


로버트 브라우닝

'평화'란 단어는 추상적이고 적용 범위가 흐린 말이다. 시란 분명치 않은 그 무엇을 분명한 그 무엇으로 바꾸는 작업인지 모른다. 그것도 일상의 평범한 언어로. 이것은 쉬운 것 같지만 쉽지 않은 일. 그런 점에서 시인은 또 다른 발견자이다.

어쩌면 시인은 현실의 여러 가지 사물 가운데서 공통점을 발견했는지 모른다. 그러다가 거기에 맞는 '평화'란 말을 찾게 되었는지 모른다. 시인이 발견한 평화로운 세상이 오래도록 우리를 평화롭게 만들어준다. 고마운 일이다.

# 삼월

삼월 님이시군요, 어서 들어오세요!
오셔서 얼마나 기쁜지 몰라요.
오랫동안 기다렸거든요.
모자를 벗으시지요—
아마도 걸어오셨나 봐요.
그렇게 숨이 차신 걸 보니.
그동안 삼월 님, 잘 지내셨나요?
다른 분들은요?
'자연'은 잘 두고 오셨나요?
아, 삼월 님, 우리 2층으로 가요.
밀린 얘기, 하고 싶은 이야기가 얼마나 많은지 몰라요.

에밀리 디킨슨

---

이 작품 역시 내가 오랫동안 아주 많이 사랑하고 그리워한 작품이다. 봄만 되면 우리나라 시인 이성부의 「봄」이란 시와 함께 한 차례씩 꺼내어 읽어보는 작품이다. 그러면 봄이 내 마음 안에도 쿨렁, 다 가온 듯한 감회를 맛보곤 한다.

그대로 대화문이다. 봄과의 대화. 구체적으로 삼월과의 대화. 시의 표현이 대화와 의인법이란 것을 나에게 가르쳐준 작품이다. 삼월을 마치 오랫만에 만난 친구처럼 여기면서 말을 한다.

## 상쾌한 여행

초록빛 산들바람 부드럽게 흘러오기에
봄이다 정녕 봄이다
숲에서는 피리 소리가 흐르고 있다
힘찬 눈동자는 밝게 빛나고
여러 가지 모양의 소용돌이는
이상스러운 물줄기를 이룬다
흐르는 물의 눈짓이 그대를
아름다운 아래쪽 세계로 가자 청하니
나는 아무 것에게도 거역하지 않으련다
바람은 너희에게서 나를 멀리 나른다
기분 좋게 햇빛에 취하여
나는 물줄기를 타고 여행하리라
수천의 목소리가 울려 내 마음을 부추기고
하늘 높이 오로라가 불타며 흘러가누나
여행길에 나서련다, 나는 그 여행길이
어디서 끝나느냐 묻지 않으련다


요제프 폰 아이헨도르프

제목 그대로 상쾌하고 유쾌한 시다. 마음이 부드럽게 멀리 열리는 느낌이다. 젊고도 건강한 젊은이의 숨결이 느껴진다. 매우 긍정적인 사람이다. 그 무엇에도 매이지 않은 자유로운 영혼을 지닌 사람이다. 세상을 사랑하는 사람이다.

아이헨도르프. 독일의 '숲의 시인'이라 불렸다는데 과연 그다운 시이다. 「상쾌한 여행」의 나무와 풀에서 나올 듯한 싱싱한 에너지가 느껴진다. 우리 마음이, 특히 우리의 감성이 만들어내는 에너지다. 초록색 파장이 사람을 살린다.

# 감각

나는 가리라 푸른 여름밤엔
보리 이삭이 정강이를 찌르는 오솔길 위로,
잡초 넝쿨 밟으러.
몽상가여, 나는 나의 발에
서느러운 감촉을 느끼며,
부는 바람에 한껏
머리칼을 날리며……

나는 말하지도 생각하지도 않으리.
그러나 끝없는 사랑은
가슴속에 떠오르리.
나는 가리라, 멀리멀리
떠돌이처럼,
하늘과 땅 사이를
연인과 함께 가듯 행복하게……

장 니콜라 아르튀르 랭보

15세 나이에 벌써 시인이 된 인물. 천재 시인. 몇 년 동안 시를 쓰고 나서는 시를 집어던진 채 시치미 뚝 떼고 엉뚱한 모습으로 살다간 시인. 그 역시 요절한 인물. 가히 천재란 이름이 어울리는 사람이다. 시인의 생애가 허무하다 해도 시는 허무하지 않다. 시인이 떠난 자리를 지켜 시는 여전히 건강하게 숨 쉬고 여전히 푸르게 자라고 있다. 시여, 앞으로도 더 오래 살아남아 있거라. 누군가 그를 두고 말했다. '바람 구두를 신은 시인'이라고.

# 아침 릴레이

캄차카의 젊은이가
기린 꿈을 꾸고 있을 때
멕시코의 아가씨는
아침 안개 속에서 버스를 기다리고 있다
뉴욕의 소녀가
미소 지으며 잠을 뒤척일 때
로마의 소년은
기둥 끝을 물들이는 아침 햇살에 윙크한다
이 지구에서는
언제나 어딘가에서 아침이 시작되고 있다

우리는 아침을 릴레이 하는 것이다
경도經度에서 경도로
말하자면 교대로 지구를 지킨다
자기 전에 잠깐 귀 기울여보면
어딘가 먼 곳에서 알람시계가 울리고 있다
그것은 당신이 보낸 아침을
누군가가 잘 받았다는 증거인 것이다

다니카와 슌타로

---

재미있는 발상, 아이 같은 발상이다. 마치 한 편의 애니메이션 영화를 보는 듯 팔랑팔랑 동적이고 감각적이다. 시인이면서 번역, 각본, 그림책 등 다양한 분야에서 활약하고 있는 시인답다. 번뜩이는 재치가 보인다.

일단은 지구를 하나의 마을로 보았다. 지구의 위도에 따라 해가 뜨고 진다는 것에 착안, 지구의 곳곳에서 사는 사람들이 아침을 맞으며 태양을 배턴 터치한다고 했다. 건강한 상상력. 그렇지 그래. 지구 할아버지도 잠시 웃음 지으시겠다.

## 서풍의 노래

나를 너의 수금으로 삼아다오, 저 숲과도 같이
나의 잎들이 저 숲의 잎처럼 떨어진들 어떠리!
그대의 힘찬 조화의 격동은

슬프나 감미로운 깊은 가락을
양자로부터 얻으리라, 거센 정령이여!
나의 영혼이 되어다오. 네가 내가 되어다오. 맹렬한 자여!

나의 죽은 사상을 온 우주에 휘몰아다오.
새로운 탄생을 재촉하는 시들은 낙엽처럼
그리고 이 시의 주문에 의하여

마치 꺼지지 않은 화로의
재와 불꽃처럼 인류 사이에 내 말을 흩뿌려다오!
잠자는 대지에 내 입을 통해 전해다오

예언의 나팔수인 오, 바람이여!
겨울이 오면 봄도 멀지 않으리.

퍼시 비시 셸리

---

처음엔 「서풍부」란 이름으로 시를 읽었다. 그런데 내가 쉬운 표현으로 「서풍의 노래」로 제목을 고쳤다. 계절이 바뀌면 바람의 방향이 바뀐다. 아니다. 바람이 계절을 바꾼다. 서풍이 분다는 건 겨울이 멀지 않았다는 징조.

그런데 그것은 또 멀리 보면 봄이 멀지 않았다는 증거가 되기도 한다. 이런 것에서 우리는 인생을 배우고 자연을 스승으로 삼는다. 어리석음에 조용히 손을 모으고 경배를 드린다. 그래, 기다려보자. 언젠가는 좋은 날이 오고야 말 것이다.

## 희망에는 날개가 있다

희망은 날개가 달린 것
영혼의 가지 끝에 걸터앉아
가사 없는 곡조로 노래를 시작하여
절대로 멈추지 않는다

거친 바람에도 한없이 감미롭게 들린다
거센 폭풍이 휘몰아쳐
작은 새를 어쩌지 못하게 하여도
그만큼 따뜻한 온기를 나누어준다

차디찬 땅에서도 듣는다
낯설기 그지없는 바다에서도
곤경에 빠진다 해도 결코 희망은
나에게 빵 부스러기 하나 청하지 않았다

에밀리 디킨슨

미국 현대시의 최고봉. 56년 생애를 오직 은둔과 독신으로 버틴 여성 시인. 2층 방이 유일한 삶의 공간이었다고 전한다. 생전에는 거의 세상에 알려지지 않았지만 사후에 수많은 작품이 발표되어 수많은 독자들의 사랑을 받았다니 놀랍다.

이러한 시인적 생애가 더욱 시에 감동을 보탠다. '희망에는 날개 있다'. 그렇지. 어떤 골짜기 어둠 속에서도 희망의 빛은 있게 마련. 끝부분 '곤경에 빠진다 해도 결코 희망은/ 나에게 빵 부스러기 하나 청하지 않았다'가 더욱 감동적이다.

# 산 너머 저쪽

산 너머 언덕 너머 먼 하늘 밑
행복이 있다고 사람들이 말하네.
아, 나도 친구 따라 찾아갔다가
눈물만 머금고 돌아왔다네.
산 너머 언덕 너머 더욱더 멀리
그래도 사람들은 행복이 있다고 말을 한다네.

**카를 부세**

아주 어린 시절부터 알고 있던 시다. 행복이 무엇인지도 모르면서 행복을 생각하면서 눈을 감고 읊조리던 문장이다. '산 너머 언덕 너머 먼 하늘 밑' 그 말은 언제나 우리에게 희망과 꿈과 낭만을 전해준다. 끝내 허망함을 선사하기도 한다.

하지만, 하지만 말이다. 이러한 허망, 이러한 낭만, 이러한 꿈과 희망 없이 어찌 무릎 꿇고 싶은 하루하루를 견딜 수 있을까 보냐. 그래서 우리는 꿈꾸고 기도한다. 거짓의 희망이라도 좋으니 그치지 말고 계속해서 거듭 주십사고!

## 여행으로의 초대

내 사랑, 내 누이야,
꿈꾸어보렴, 거기 가서
함께 사는 감미로운 행복을.
한가로이 사랑하고
사랑하다 죽을 것을
너를 닮은 그곳에서!
안개 낀 하늘의
젖은 태양은
내 영혼에겐 신비로운 매력.
눈물 사이로 반짝이는
잘 변하는 네 눈처럼.

거기서는 모두가 질서와 아름다움,
호사와 고요, 그리고 쾌락뿐이리.
오랜 세월에 닦여
윤나는 가구들이
우리의 방을 장식하리.
희귀한 꽃향기
그윽한 용연향龍涎香에

은은히 섞이고,

호화로운 천장,
깊은 거울들,
동양의 빛나는 광채,
거기서는 모두가
영혼에게 은밀히
그 감미로운 모국어母國語로 말하리라.

거기서는 모두가 질서와 아름다움,
호사와 고요, 그리고 쾌락뿐이리.

보라, 저 운하 위에
배들이 잠들어 있음을.
그들의 마음은 방랑자와 같아,
네 사소한 욕망까지
채워주기 위해
세계의 끝에서 몰려올 것이다.
저무는 태양은

들판과 운하와
도시를 물들인다.
보랏빛 황금빛
세계는 잠이 든다.
뜨거운 빛 안에
모든 질서와 아름다움.
호화와 고요, 그리고 쾌락만이.


샤를 피에르 보들레르

여행. 왜 떠나는가? 미지의 삶에 대한 동경으로도 떠나지만 우중충한 현실의 삶을 벗어나기 위해서도 떠나리라. 시간과 돈, 건강을 투자하여. 여행을 떠나게 하는 건 영혼의 갈증, 원심력 때문이다. 멀리서 불러주는 누군가의 음성이 있기에.

그 음성을 따라 멀리 떠도는 날들이 길어지면 다시금 떠났던 곳으로 돌아오고 싶어진다. 우중충한 날들이라고 타박했던 그 날들이 그리워진다. 여행을 꿈꿀 때 떠오르는 시가 보들레르의 이 작품. 그런 입장에서 보들레르는 여전히 유효하다.

## 씨 뿌리는 계절, 저녁때

지금은 황혼
나는 황홀이 바라본다, 문턱에 앉아.
노동의 마지막 시간이
비춰주는 하루의 나머지를.

밤이 미역 감긴 대지에서
나는 감동해서 바라본다.
미래의 수확을 밭고랑에
한 줌 가득 던지는 누더기 입은 한 노인을.

그의 키 큰 검은 실루엣은
어둠이 짙은 밭을 지배한다.
어느 만큼 그는 유익한 날들이
하루하루 지나감을 믿어도 좋으리.

그는 넓은 들판을 걷는다.
오가며 씨를 멀리 뿌린다.
손을 다시 펴서는 다시 시작한다.
그리고 나는 생각에 잠긴다.

눈에 띄지 않는 증인이 되어서.

그러는 동안, 막을 내리며
어둠은, 소란한 소리와 뒤섞여
씨 뿌리는 농부의 장엄한 모습을
하늘의 별까지 뻗치는 듯하다.

빅토르 마리 위고

---

빅토르 마리 위고. 프랑스 시인이자 소설가. 아무래도 거장이다. 우리에게는 『레미제라블』이란 소설로 알려졌다. 나도 중학교 시절 학원사의 문고판으로 나온 『장발장』이란 이름으로 소설을 읽은 기억이 있다.

파란만장한 생애를 살았지만 끝까지 인도주의를 지켰던 그답게 사람에 대한 신뢰와 자연에 대한 외경을 시로 썼다. 역시 주제며 배경이 크고 넓다. 무엇보다도 인간에 대한 신뢰의 마음이 읽힌다. 어둠 가운데서도 마음이 따스해진다.

## 그런 길은 없다

아무리 어두운 길이라도
내 앞에
누군가는 이 길을 지나갔을 것이고,

아무리 가파른 길이라도
내 앞에
누군가는 이 길을 통과했을 것이다.

아무도 걸어가지 않은
그런 길은 없다.

나의 이 어두운 시기가
비슷한 길을 가는
내 사랑하는 사람들에게
도움이 될 수 있기를.

메기 베드로시안

최근 어디선가에서 본 글이다. 본격적인 시작품이라고 하기보다는 잠언적인 요소가 강한 글이다. 법정 스님이 생전에 쓴 어떤 책에 수록된 글인데 그 이후 사람들에게 널리 알려졌다는 사연이다. 읽는 이에게 용기를 준다.

비록 유명한 시는 아니지만 이렇게 사람에게 용기를 주고 축복을 주는 글은 좋은 글이다. 유익한 글이고 감사한 글이다. 특히나 이렇게 물질적으로 발달한 시대에 어두운 터널 같은 날들을 보내고 있을 청춘들에게 들려주고 싶은 글이다.

## 능금나무에서

능금나무 가지에서
당신을 기다리는 능금
나는 능금
아직은 어리고 철이 없어도
시기만 하진 않아요
당신이 깨물면 달기도 해요
허지만 허지만
가을이 오기까지는
햇살이 되어주세요
당신은 나를 기다리는
햇살이 되어주세요

전봉건

---

이 시는 청소년 시절 내가 만든 스크랩에서 옮겨온 것이다. 당시, 어떤 신문 한쪽에 실려있던 글을 내가 오려두었다가 스크랩으로 만들어 오늘까지 보관하여 온 것이다. 나중에 시인의 시 전집을 보니 이 글이 많이 고쳐진 것을 알았다. 하지만 나는 내가 스크랩한 자료의 원문 그대로를 옮겼다.

읽어보면 알겠지만 부드러운 고백체의 문장이 노랫말을 연상시킨다. 어쩌면 샹송의 가사 하나를 염두에 두고 시인은 이 글을 썼을지도 모른다. 앳된 소녀의 마음이 들어있다. 사랑스럽다. 귀엽다. 남성 시인이지만 그의 마음속에는 이렇게 예쁜 소녀 한 사람 살았었나 보다. 시인 대신 뒤에 남은 내가 그 소녀를 가끔 만난다.

# 벙어리장갑

여름내 어깨순 집어준 목화에서
마디마디 목화꽃이 피어나면
달콤한 목화다래 몰래 따서 먹다가
어머니한테 나는 늘 혼났다
그럴 때면 누나가 눈을 흘겼다
— 겨울에 손 꽁꽁 얼어도 좋으니?
서리 내리는 가을이 성큼 오면
다래가 터지며 목화송이가 열리고
목화송이 따다가 씨아에 넣어 앗으면
하얀 목화솜이 소복소복 쌓인다
솜 활끈 튕기면 피어나는 솜으로
고치를 빚어 물레로 실을 잣는다
뱅그르르 도는 물렛살을 만지려다가
어머니한테 나는 늘 혼났다
그럴 때면 누나가 눈을 흘겼다
— 손 다쳐서 아야 해도 좋으니?
까치설날 아침에 잣눈이 내리면
우스꽝스런 눈사람 만들어 세우고
까치설빔 다 적시며 눈싸움한다

동무들은 시린 손을 호호 불지만
내 손은 눈곱만큼도 안 시리다
누나가 뜨개질한 벙어리장갑에서
어머니의 꾸중과 누나의 눈흘김이
하얀 목화송이로 여태 피어나고
실 잣는 물레도 이냥 돌아가니까

오탁번

어려서 나는 장갑을 끼고 다니는 아이들이 부러웠다. 손이 시린 겨울날이면 더욱 손이 시렸고 장갑 낀 아이들이 더욱 부러웠다. 이 부러운 마음은 내내 궁기가 되어 남았다. 벙어리장갑이란 엄지 손가락 하나만 끼울 자리가 있고 나머지 네 개는 한데 모아지는 장갑을 말한다. 조금은 불편한 장갑. 그래도 그 이름이 귀엽고 사랑스럽다. 나중에 자라 어른이 되었을 때 나는 누이동생에게 벙어리장갑을 떠달라고 부탁해서 오랫동안 아이들처럼 끼고 다녔다.
오탁번 시인에게는 어린 시절 나하고는 달리 누나가 있었나 보다. 그것도 어린 동생에게 목화실로 벙어리장갑을 짜주는 누나 말이다. 시인은 그 장갑을 끼고 다니면서 눈사람도 만들고 친구들과 눈싸움을 하면서 놀았다 한다. 행복한 어린이다. 나같이 장갑이 없어 애달팠던 그 반대편에 시인과 같이 행복한 어린이가 있었던 것이다. 부럽고 고마운 일이다.

# 다리 위에서

바람이 거센 밤이면
몇 번이고 꺼지는 네모난 장명등을
궤짝 밟고 서서 몇 번이고 새로 밝힐 때
누나는
별 많은 밤이 되려 무섭다고 했다

국숫집 찾아가는 다리 위에서
문득 그리워지는
누나도 나도 어려선 국숫집 아이

단오도 설도 아닌 풀벌레 우는 가을철
단 하루
아버지의 제삿날만 일을 쉬고
어른처럼 곡을 했다

이용악

한때 우리 문단에서 삼대 천재 가운데 한 사람이라고 불리던 이용악 시인의 시다. 크지 않고 자그마하다. 아담하다. 어린 시절의 추억이 고스란히 담겼다. 담담한 문장이지만 끝까지 그렇지는 않다. 울컥하는 바가 없지 않다. 전체적으로 서술이 퍽 구체적이다. 그래서 가슴이 섬짓해진다.

그런 가운데서도 특히 이런 대목은 마음을 아련하게 만든다. '누나도 나도 어려선 국숫집 아이', '아버지의 제삿날만 일을 쉬고/어른처럼 곡을 했다.' 부성 상실의 아픔이 전해져 온다. 그런 질곡 속에서도 어머니는 꿋꿋하게 자식을 기르고 가르쳐 당당한 시인으로 내세워 주셨다. 그 고마움이나 안타까움이 결단코 남의 일만은 아니리라.

'장명등'은 '대문 밖이나 처마 끝에 달아 두고 밤에 불을 켜는 등'을 가리키고 또 '무덤 앞이나 절 안에 돌로 만들어 세우는 등'을 말한다. 아마도 밤을 새워 불을 켜놓기 때문에 장명등이라고 이름 붙였겠지 싶다.

## 지금은 좋은 때

지금은 좋은 때, 불이 켜질 때.
모든 것들이 이렇게 조용하고 평화로운 저녁,
새의 깃털 떨어지는 소리까지도 들릴 것 같은 이 고요함.

지금은 좋은 때, 가만가만히,
사랑하는 사람이 찾아오는 바로 그런 때,
부는 바람처럼 연기처럼
조용조용 천천히.

사랑은 처음엔 아무 말도 하지 않는다.
─그런데도 나는 듣는다.
그 영혼을, 나는 알고 있다.
별안간 빛이 솟아나는 것을 보고
그 눈에 살그머니 입을 맞춘다.

지금은 좋은 때, 불이 켜질 때.
고백告白이,
하루 종일 혼자서만 망설이고 있었노라고,
깊고도 깊은, 그러나 투명한 마음의 밑바닥에서

떠오를 때.

그리하여 서로 평범한 이야기를 주고받는다.
뜰에서 딴 과일에 대하여,
이끼 속에 피어 있는 꽃에 대하여,
또 낡은 서랍 속에서 뜻밖에 찾아낸
옛날의 편지에 대해서.

지금은 모두 사라져버린 사랑의 추억에
마음은 순식간에 꽃을 피우며 감동에 몸을 떤다.

에밀 베르하렌

와, 좋다. 그냥 좋다. 언제나 지금이 좋은 때라지 않는가. 이보다 더 확실하고 좋은 축복이 어디 있겠는가. 평범의 아름다움과 소중함을 찾은 사람의 속삭임이 들린다. 인생도 하나의 발견. 이미 내 곁에 있는 것을 찾아내고 내 안에 있는 소리를 듣는 것.
이런 글이야말로 영성이 살아 있는 글이다. 이런 글을 읽으면서 우리도 내 안의 영성을 불러내야 할 일이다. '지금은 좋은 때', 그렇게 한번 소리 내어 말해보자. 그러면 이내 지금이 좋은 때가 되지 않을까. 우리의 언어에는 마력이 있다. 영력이 있다. 그 길을 다소곳이 따라가 보자.

# 높은 산속의 저녁
— 어머니께


행복한 하루였습니다. 알프스가 붉게 물들고 있습니다.
빛나는 광경을 지금 당신에게 보여드리고 싶습니다.
말없이 당신과 함께, 더없는 기쁨 안에서 가만히 서 있고
싶습니다.
—그런데 왜 당신은 세상에 계시지 않는 겁니까?
골짜기에서 이마에 구름을 얹은 밤이 엄숙히 솟아올라
서서히 절벽과 목장과 묵은눈의 빛을 지웁니다.
나는 그것을 보고 있습니다.
—그러나 당신이 계시지 않아 시들합니다.
주위는 아득한 어둠과 정적,
나의 마음도 따라 어두워지고 서러워집니다.
지금 나의 곁을 사뿐한 발자국 소리 같은 그 무엇이 지나갑
니다.
"얘야, 내다, 벌써 나를 몰라보겠니?
밝은 대낮은 혼자서 즐겨라.
그러나 별도 없는 밤이 와
갑갑하고 불안한 너의 영혼이 찾을 땐
언제나 내가 곁에 와 있으마."

헤르만 헤세

---

다시, 헤르만 헤세. 돌아가신 어머니와 대화하는 시다. 헤세에게는 세상에서 생명을 거둔 사람하고도 대화할 수 있는 마음의 능력이 있다. 그래서 헤세는 영혼의 시인이다. 그처럼 영성이 가득한 시인은 없다.

혼자 있는 조용한 밤의 시간. 그 시간을 틈타 어머니가 찾아오신다. 물론 들리지 않는 목소리로 오시는 어머니다. 마음 안에 숨 쉬고 계신 어머니다. 이런 시를 소년이 읽는다면 그는 문득 성장하는 사람이 될 것이다.

# 묘비명

많이 보고 싶겠지만
조금만 참자.

나태주

---

우연한 기회에 예능 방송인 유재석 씨와 조세호 씨가 공동 진행하는 '유 퀴즈 온 더 블록'이란 방송국 프로그램에 출연했다. 실상 나는 이 프로그램을 한 번도 본 일이 없는 사람인데 얼떨결에 나갔고 나중에 알고 보니 젊은 사람들이 아주 좋아하는 프로그램이었다. 한마디로 두 젊은 엠시와 나눈 시간이 내내 즐겁고 유익했다. 나 자신 마음 놓고 많이 웃어서 좋았다. 방송 녹화 중에 나의 묘비명에 관한 이야기가 나왔다. '묘비명'이란 서양 사람들이 묘지의 돌비에 새기는 짧은 문장. 영어로는 에피타프Epitaph. 죽은 사람의 인생 전반을 상징하거나 대변해준다.

내가 나의 묘비명에 관심을 가졌던 건 2007년 죽을병에 걸려 투병을 호되게 했던 것과 관계가 깊다. 처음에 나는 「풀꽃」 시를 나의 묘비명으로 하려고 했다. 그러나 그 시를 〈세상에서 가장 아름다운 이별〉이란 영화에서 가져다 사용하여 새롭게 써야지 하고 쓴 것이 바로 이 작품이다.

나는 평생 누군가 '보고 싶은 마음' 때문에 마음고생을 많이 하면서 산 사람이다. 인생의 문제가 '보고 싶음'에 있었던 것이다. 나중에 죽은 다음 이 문장이 나의 묘비에 새겨질지는 모르는 일이지만 만약 그렇다면 이 문장의 의도는 이러하다.

'아들아. 딸아. 너 여기 왜 왔니? 나 보고 싶어서 왔지? 그렇지만 조금만 참고 기다려라. 너도 결국은 나처럼 죽을 것이다.' 그러니 어쩌란 말인가? 그다음 숨겨놓은 말은 이러하다. '그래 너도 분명 죽을 목숨이니 하루하루 최선을 다해서 열심히 살고 착하게 살고 남에게 베풀며 살아라.' 결국은 로마 시대 사람들이 말했다는 메멘토 모리memento mori, '죽음을 기억하라' 바로 그 말을 바꾸어서 한 말이다.

# 살아야겠다
—「해변의 묘지」 일부

바람이 분다… 살아야겠다.
세찬 바람은 내 책을 펼치고 또 덮으며
파도는 부서져 바위에서 솟아오른다!
날아가라, 눈부신 페이지들이여!
부서져라, 파도여—뛰노는 물살로 부서져라
삼각의 돛들이 먹이를 쪼고 있는 이 고요한 지붕을.

폴 발레리

---

'바람이 분다… 살아야겠다.' 오직 이 한마디를 중얼거려 본다. 그러하다. '바람이 분다… 방으로 들어가야겠다'가 아니라 '살아야겠다'이다. 인간은 그렇게 평안과 부유 앞에 병이 들고 위기나 환난 앞에 강인해지는 법. 결의를 다진다.

이 말 한마디를 얻기 위해 시인은 길고 긴 수사와 은유를 앞부분에 늘어놓은 것이다. 독자들도 이 말 한마디를 만나기 위해서 거기까지 읽어온 것이다. 그것은 우리네 인생도 마찬가지. 마지막 순간 나는 어떠한 말 한마디를 남길 것인가!

# 풀잎

풀잎은

퍽도 아름다운 이름을 가졌어요

우리가 '풀잎' 하고 그를 부를 때에는

우리들의 입속에서는 푸른 휘파람 소리가 나거든요.

바람이 부는 날의 풀잎들은

왜 저리 몸을 흔들까요

소나기가 오는 날의 풀잎들은

왜 저리 또 몸을 통통거릴까요.

그러나, 풀잎은

퍽도 아름다운 이름을 가졌어요.

우리가 '풀잎' '풀잎' 하고 자꾸 부르면

우리의 몸과 맘도 어느덧

푸른 풀잎이 돼 버리거든요.

박성룡

사랑스러운 시. 시인은 '풀잎'을 가리켜 '퍽도 아름다운 이름을 가졌다'고 썼지만 내가 보기엔 이 시를 쓴 시인의 마음이 오히려 '퍽도 순결하고 아름답고 귀여운 마음을 가졌다'고 생각한다. 그렇지 않고서는 이렇게 맑고도 어여쁜 시를 쓸 수는 없는 일. 시를 읽으면서 나도 예쁜 아이가 되어보기로 한다. 아니다. 풀잎이 되어보기도 한다. 시에는 그런 매직이 숨어 있다.

# 봄의 말

봄이 속삭인다.
꽃피워라,
희망하라,
사랑하라,
삶을 두려워하지 마라.

소년 소녀들은 모두 알고 있다.
봄이 말하는 것을.
살아라, 자라나라, 피어나라,
희망하라, 사랑하라, 기뻐하라, 새싹을 움트게 하라.
몸을 던져 두려워하지 마라!

노인들도 모두 봄의 속삭임을 알아듣는다.
늙은이여, 땅속에 묻혀라.
씩씩한 아이들에게 자리를 내어주라.
몸을 내던지고, 죽음을 두려워하지 마라.

헤르만 헤세

'봄이 속삭인다. / 꽃피워라, / 희망하라, / 사랑하라, / 삶을 두려워하지 말라.' 이것은 서울 광화문 교보 글판에 올랐던 '2007년도 봄' 편의 문구다. 바로 위의 시 첫머리에서 따온 문장이다. 봄을 맞아 찌뿌둥한 사람들에게 많은 감흥을 주었을 것이다.

일 년의 시작이 봄에 있고 일생의 봄은 소년에게 있다. 그러기에 소년들을 응원해야 한다. 그래그래 너희들은 지금 잘하고 있는 거야. 오늘 조금 모자라더라도 내일은 훨씬 좋아질 거야. 용기와 축복을 줘야 한다. 그럴 때 또 헤세의 시다.

# 용기

신선한 공기
빛나는 태양
맑은 물, 그리고
친구들의 사랑
이것만 있다면 낙심하지 마라.

요한 볼프강 폰 괴테

---

용기, 그야말로 용기다. 살다가 힘이 빠졌거나 지쳤을 때 필요한 용기. 두렵거나 하기 싫은 일을 해야만 할 때 그 일에 몸과 마음을 과감히 던지는 굳센 마음. 대체로 나는 그런 걸 용기라고 본다. 어쩌면 그건 정면 돌파의 자세와도 통한다.
시인은 말한다. 용기의 조건이 큰 것이 아니고 자잘한 것이라고. 그것이 또 멀리 있는 것이 아니고 우리들 곁에 있는 것들이라고. 누구든 한 번뿐인 인생, 지구에서의 날들, 용기를 내어서 살아볼 일이다. 지금도 누군가 우리를 지켜보고 있다.

- 이 책은 《시가 사랑을 데리고 온다》(나태주 엮음)와 《시가 인생을 가르쳐 준다》(나태주 엮음)에서 저자가 엄선한 시를 모아 다시 엮은 개정합본입니다.

- 이 책에 실린 시들은 한국문학예술저작권협회, 사이저작권에에전시, 남북저작권센터와 출판권을 가진 출판사, 작가와의 연락 등을 통해 저작권자의 동의를 얻었습니다. 저작권자를 찾기 어려워 부득이하게 허락을 받지 못하고 수록한 작품에 대해서는 추후 저작권이 확인되는 대로 적법한 절차를 진행하겠습니다.